El Despertar del Vencedor

Poseyendo el poder para ir más allá y triunfar

El Despertar del Vencedor
©2025 por Robyn F. Vincent

Todos los derechos reservados. Queda prohibida la reproducción total o parcial de esta publicación, su almacenamiento en un sistema de recuperación de datos o su transmisión en cualquier forma o por cualquier medio, por ejemplo: electrónico, fotocopia, grabación- sin la autorización previa por escrito del editor. La única excepción son las citas breves.

A menos que se indique lo contrario, todas las Escrituras están tomadas de la Nueva Versión Reina Valera. Usado con permiso. Todos los derechos reservados.

Las citas de las Escrituras marcadas como (AMP) están tomadas de la Biblia Amplificada.

Las citas de las Escrituras marcadas (NVI) están tomadas de la Santa Biblia, Nueva Versión Internacional, NVI®.

Las citas de las Escrituras marcadas como (BLPH), Biblia La Palabra (Hispanoamérica).

Traducido y editado al español por:
  Rodriguez & Jones Translation Services, LLC
  Fort Worth, TX
  www.rjtranslationservices.com

Gráficos y diseño original por Sarah Fender
Portada original de Mehreen Shaukat y Candy Smith
Portada al español – David Quiroz Designs

ISBN # 979-8-89971-764-2

Dedicatoria

Este libro está dedicado a mi esposo, James, y a mis hijos: Traclyn, Raven, Jamyn, Shira-Sion y Justice. Cada uno de ustedes son mi inspiración para llegar a ser más. Por esta razón, siempre viviré para manifestar la verdad de Dios, que es mi identidad creada por Dios como vencedora.

Este libro también está dedicado a mi madre, Sheila Green, a mi abuela, Rita Mae Ridgley, y a mi tía, Debra Franklin Jefferson. Su humildad, fortaleza y determinación, junto con el verdadero amor por Dios y por las personas, posicionaron a todos sus descendientes para caminar en un ciclo de bendición.

Yo sé cómo vivir en pobreza o en abundancia. Conozco el secreto de estar feliz en todos los momentos y circunstancias: pasando hambre o estando satisfecho; teniendo mucho o teniendo poco. Puedo enfrentar cualquier situación porque Cristo me da el poder para hacerlo.

Filipenses 4:12-13 (PDT)

Contenido

Dedicatoria ... iii
Contenido ... iv
Prólogo ... viii
Agradecimientos ... 1
Introducción ... 3
Capítulo 1 Que Brote el Amor ... 7
   El Amor lo es Todo ... 9
   El Amor de Dios Vence ... 11
   Sigue al Líder ... 13
     Meditación para la Aplicación ... *16*
     Momentos de Reflexión ... *16*
Capítulo 2 Mira Tu Salida ... 18
   La Vida Fuera del Amor ... 21
   ¿Qué es lo que Te Detiene? ... 27
   Tiene que Haber Revelación ... 29
   Ver Más Allá del Conocimiento Familiar ... 31
   Entrégalo Todo ... 32
   La Humildad Vence ... 33
     Meditación para la Aplicación ... *40*
     Momentos de Reflexión ... *40*
Capítulo 3 Recibe la Verdad y Mantente Firme ... 42
   Su Palabra es la Verdad Sólida ... 44
   La Verdad Buena, Mala y Fea ... 47
   El Camino, la Verdad y la Vida ... 49

Un Día de Octubre que Cambió Mi Perspectiva 52
Un Nuevo Camino de Victoria 54
Meditación para la aplicación 57
Momentos de reflexión 57

Capítulo 4 Desenmascarando el Engaño del Temor 58

Firmes en la Verdad 64

La Mentira 64

Tipos de Temor 66

Nuestro Temor Más Profundo 67

Derrota el Temor 68
Meditación para la aplicación 70
Momentos de reflexión 70

Capítulo 5 Resiste y Conquista las Mentiras 71

Toma tu Asiento 71

Preséntate - Lo que Más Teme Satanás 74

Victoria Sobre las Mentiras del Temor 76
Meditación para la Aplicación 78
Momentos de Reflexión 78

Capítulo 6 Supera el Dolor 79

Los Efectos del Dolor 83

El Dolor y el Ciclo de Control 86

Procesa el Dolor de la Manera Correcta 88

Aplica la Palabra al Dolor 90

Cómo Superar el Dolor de la Iglesia 92

Acción para Superar el Dolor 94
Meditación para la Aplicación 95
Momentos de Reflexión 96

v

Capítulo 7 97
Cómo Vencer el Orgullo 97
Orgullo que Ata la Mente 100
El Orgullo y Nuestra Forma de Pensar 102
Ciclos Dañinos del Orgullo 105
Venciendo el Orgullo de la Crítica y el Juicio ... 107
Venciendo el Orgullo Religioso 108
Los Pensamientos y la Sabiduría de Dios Están por Encima de Nuestros Pensamientos 110
Soluciones para el Orgullo 113
El Padre Sabe lo que es Mejor 115
   Meditación para la Aplicación *116*
   Momentos de Reflexión *116*
Capítulo 8 Supera las Limitaciones y Prospera ... 117
   Religión 118
   Tradiciones de los Hombres 120
   Carnalidad 121
   Pobreza 121
   Enfermedad 122
   Creencia vs. Convicciones 123
      Meditación para la Aplicación *125*
      Momentos de Reflexión *125*
Capítulo 9 Levántate por Fe y Avanza en Victoria ... 126
   Un Enemigo Ha Hecho Esto 128
   Armas del Enemigo 130
   ¿Cómo es la Fe? 132

Toma Autoridad por Fe 133
Separados por la Fe 134
Fe en la Incertidumbre 135
La Fe Obra por el Amor 137
La Fe Lleva a la Acción 139
La acción de Fe de una Madre que Ora 140
Viviendo la Vida Abundante 142
   Meditación para la Aplicación *146*
   Momentos de Reflexión *146*

Capítulo 10 Recibe Poder y Sé Renovado 147
Conviértete en un Regalo de Dios para el Mundo 149
No Te Conformes, Resuélvelo 150
Sirve al Más Grande que Hay en Ti 153
   Meditación para la Aplicación *156*
   Momentos de Reflexión *157*

Capítulo 11 Dios Venció, Ahora Vencemos Nosotros 158
La Certeza en el Amor de Dios Vence 161
Las Promesas de Dios para el Vencedor 165
Palabra Profética para el Vencedor 168

Sobre la Autora 169
Referencias 170

Prólogo

En raras ocasiones he comenzado a leer un libro y lo he terminado sin interrupciones. Esto me sucedió con el libro de Robyn F. Vincent, *El Despertar del Vencedor: Poseyendo el poder para ir más allá y triunfar*. Este libro nos ayudará a procesar la guerra y la fe necesarias para vivir en una dimensión de victoria.

Cuando recibimos revelación de Dios, necesitamos participar en la guerra contra el enemigo para ver establecidos Sus propósitos. Dios nos llama a pelear la buena batalla. No nos conformamos con el statu quo. No aceptamos la pasividad. Nos apoyamos en la revelación de Dios y luchamos en oración. Permitimos que Dios produzca fe bélica dentro de nosotros. A medida que avanzamos con fe, venceremos.

Permanece en la batalla hasta que llegue el avance. ¡Permite que Dios produzca una fe vencedora en ti! El resultado de la fe vencedora es que la gloria de Dios se manifiesta en medio de ti. Dios te ha llamado a entrar en la plenitud de Sus promesas. Él te ha llamado a vivir en Su gloria. Vístete de fe manifiesta, o de gloria.

Pregúntate: ¿En qué dimensión de la fe estoy caminando actualmente? Luego pregúntale a Dios qué necesitas hacer para entrar en una nueva dimensión. No importa donde estés, ¡sigue avanzando!

Dios te ha llamado para ganar tus batallas. La corona de vencedor espera a los que venzan. ¡Puedes vencer al enemigo y obtener la victoria!

Robyn nos ha dado una guía para ayudarnos a continuar avanzando hacia nuestro destino de victoria. ¡La verdad es que venceremos! Apocalipsis 12:10-12 (RVA-2015) dice:

> *"Oí una gran voz en el cielo que decía: "¡Ahora ha llegado la salvación y el poder y el reino de nuestro Dios, y la autoridad de su Cristo! Porque ha sido arrojado el acusador de nuestros hermanos, el que los acusaba día y noche delante de nuestro Dios. Y ellos lo han vencido por causa de la sangre del Cordero y de la palabra del testimonio de ellos, porque no amaron sus vidas hasta la muerte. Por esto, alégrense, oh cielos, y los que habitan en ellos. ¡Ay de la tierra y del mar! Porque el diablo ha descendido a ustedes y tiene grande ira, sabiendo que le queda poco tiempo".*

Daniel 11:32 (RVA-2015) añade: "Con lisonjas hará pecar a los que violan el pacto, pero el pueblo que conoce a su Dios se esforzará y actuará". Nuestro futuro puede estar lleno de conflictos, pero el Señor ha desarrollado una unción vencedora en nosotros. Defino la superación de esta manera: somos capaces de recibir un poder o fuerza sobrenatural para conquistar o derrotar cualquier cosa que nos aflija o intente impedirnos avanzar en nuestro camino. Todos queremos avanzar en nuestro camino, no solo como individuos sino también como el cuerpo de Cristo.

He aquí seis cosas que veo resumidas en este libro:

1. Debemos entender lo que es autoridad.
La autoridad es la clave del poder. Jesús no había visto mayor fe en todo Israel que la del hombre que entendió la autoridad (ver

Mateo 8:5-13). El Señor me mostró que, si comenzaba a entender y analizar cada autoridad que tenía influencia en mi vida, comenzaría a operar en un nuevo nivel de fe. En la medida en que nos sometemos a la autoridad que Dios ha puesto en nuestras vidas, nuestra fe tendrá la oportunidad de ampliarse y fortalecerse. La fe es el agente vencedor que el pueblo de Dios tiene en esta tierra (véase Juan 14:12); por lo tanto, si la iglesia ha de vencer, debemos entender y someternos a la autoridad apropiada.

2. Debemos afrontar nuestros mayores temores.
El espíritu de temor crea una mente enferma, debilita el poder y niega el amor. El Señor me mostró que, al final de cada período de diez años, un nuevo movimiento de santidad comenzará a surgir entre Su pueblo que desatará un temor genuino del Señor. También me mostró que un nuevo movimiento administrativo de Dios tiene que entrar en cada marco de tiempo.

El temor del Señor libera sabiduría, y la sabiduría desbloqueará y desmantelará las fuerzas demoníacas. Son una jerarquía estructurada que forman un gobierno, y los gobiernos tienen que ser desmantelados. No podemos gritar a los principados y potestades. La sabiduría hace que los gobiernos falsos se derrumben. Si derribamos el espíritu de temor que nos impide avanzar hacia un nuevo temor del Señor, derribaremos los patrones inicuos que permiten que los principados y potestades cieguen a grupos de personas, ciudades e incluso naciones enteras no alcanzadas por la luz del evangelio.

3. Debemos aumentar nuestro discernimiento.
Cada vez que he recibido una visión del futuro, el Señor también me ha dado palabras que me han infundido valor. "Pero Señor, no tengo la capacidad de discernir a este nivel", he dicho a

menudo. Y cada vez, era como si el Señor dijera que no tenía otra opción. Disciplínate en la Palabra y ejercita Mi Espíritu dentro de tu espíritu, dijo Él, porque se necesitará tanto la Palabra como el Espíritu para hacer que la realidad de Mí se vea en los días venideros. Si apagamos el Espíritu Santo en nuestras vidas, o si no nos lavamos con la Palabra escrita, perderemos el equilibrio espiritual y nos abriremos al engaño. En esas condiciones, nunca podremos alcanzar el nivel de discernimiento que necesitaremos para los tiempos críticos que se avecinan.

4. Debemos saber quién trabaja entre nosotros y quién entra en nuestra esfera de autoridad.
El Señor me ha bendecido con un equipo increíble de centinelas que vigilan la puerta para ver quién entra y sale, qué traen y qué intentan recibir una vez que entran en mi esfera de autoridad. Sin estos hombres y mujeres fieles, nuestra esfera podría ser penetrada por fuerzas adversas que tratarían de llevarnos por mal camino.

En estos tiempos es imprescindible que el pueblo de Dios se comunique mutuamente la información necesaria de manera eficiente. El Señor me mostró que Él va a comenzar a construir de territorio a territorio, una verdadera unidad de propósito y función dentro de Su cuerpo. Comencé a ver una cadena que formará una red. Cuando esta red esté completa, Él comenzará a arrastrarla a través de ciudades y naciones, recogiendo una gran cosecha. Vi que todos en el cuerpo regional necesitarán estar conectados entre sí, con todos trabajando para lograr los propósitos de Dios para ese territorio. Una de las razones por las que necesitaremos conocernos unos a otros y estar unidos, es para ayudar a discernir cuando los infiltrados intenten socavar los propósitos de Dios.

5. No debemos permitir que el mundo nos conforme a su modelo.
Sin embargo, tampoco debemos temer al mundo. El príncipe de la potestad del aire gobierna esta tierra. A Satanás le encanta encontrar lugares en nuestra naturaleza humana donde pueda atraparnos para que hagamos su voluntad. Para evitar esto, los cristianos a menudo se distancian del mundo. Se convierten en separatistas, y la raíz de sus acciones es el temor y el orgullo religioso.
Cuando somos limpiados, siempre tenemos un poco de temor de que las tentaciones de este mundo nos ensucien una vez más. Pero debemos ser como Jesús: en el mundo, pero no "de este mundo" (Juan 8:23). El Señor está planeando que la gloria que está a punto de liberar en Su iglesia impregne la Tierra. No podremos esparcir Su gloria si nos escondemos.

6. Debemos entender la riqueza del reino que se está preparando para los justos.
Dios está planeando una gran transferencia de riquezas a Su pueblo. La riqueza no solo significa tener dinero, sino también tener fuerza y el botín de guerra (en este caso, una cosecha de almas). Creo que Dios quiere que entendamos cómo funcionan el dinero y las finanzas, para que seamos buenos mayordomos y hagamos avanzar Su reino en el futuro. Si permitimos que Dios nos purifique y nos haga santos, entonces Él podrá confiarnos grandes riquezas.

En este libro que tienes en tus manos, *El Despertar del Vencedor*, Robyn muestra plenamente que el Señor está de nuestro lado. Cada página que leas de este libro te ayudará a desarrollar una nueva fortaleza, una nueva fe y experiencia de gloria. Somos un ejército impresionante que no puede ser detenido en nuestro avance.

¡El pecado no tendrá autoridad sobre ti! El mal no podrá reinar en tu atmósfera. Los problemas no te abrumarán cuando camines con una fuerza vencedora en tu espíritu. Al leer *El Despertar del Vencedor*, experimentarás que esto mismo está sucediendo dentro de tu interior.

Dr. Chuck D. Pierce
Presidente de Glory of Zion Internacional y
Kingdom Harvest Alliance

Agradecimientos

En primer lugar y lo más importante, toda la gloria y gracias a mi Dios Todopoderoso por su fidelidad, sabiduría, visión y gracia perfeccionadora que me llevaron a completar este libro y su aventura con éxito. Sin Él, esto nunca hubiera sido posible.

Me gustaría expresar mi profundo y sincero agradecimiento a mi líder, el Dr. Chuck Pierce, por creer en mí y apoyar aquello para lo cual fui creada y llamada. Su sabiduría, guía y espíritu pionero, me han inspirado profundamente a mirar siempre más allá de la norma, a creer en mayores posibilidades, a superar la confusión y a convertirme en el agente de cambio necesario en el caos. Construir edificios es una cosa, pero edificar a las personas es otra. Sus enseñanzas, contribuciones, imparticiones y mentoría me han enseñado la importancia y el valor de edificar a las personas. Es un honor para mí servir en el Centro de Esferas Globales bajo su liderazgo.

Me gustaría expresar con orgullo mi inmensa gratitud a mis hermosos padres, los difuntos Nelson Franklin y Sheila Green, cuyos corazones puros eran totalmente inigualables. Su inagotable amor, apoyo y sacrificio, me dieron una oportunidad a la que ellos nunca pudieron acceder. Honro profundamente el compromiso que hicieron para asegurarse de que sus hijos supieran que podían lograr cualquier cosa, siempre y cuando ocuparan valientemente su espacio en este mundo.

También, quiero agradecer y honrar a las mujeres extraordinarias que Dios ha usado en más formas de las que podría contar, para impulsarme hacia adelante y mantenerme centrada en el camino del destino. Pamela Pierce, Melinda Richardson, Janice Swinney, Toni Hatfield, Anne Tate y Linda Heidler, son mujeres de gran honor en mi vida. Su sabiduría, conocimiento, oraciones y generosidad han sido verdaderamente transformadores. Sus palabras de aliento me impulsaron a seguir adelante y a mantenerme confiada en la identidad que Dios me había dado, y a manifestarla sin vergüenza dondequiera que fuera.

Tengo una enorme deuda de gratitud con Ann Lovett por ayudarme en el proceso de escritura. Ella me ayudó en la edición y a desarrollar el marco que Dios me destinó para que yo lo completara.

Por último, pero no por ello menos importante, quiero expresar mi más sincero agradecimiento a todos aquellos que me han apoyado durante todo este proceso. Muchos llegarán al conocimiento y a la verdad del plan amoroso que Dios tiene para ellos gracias a vosotros.

Introducción

En el libro de Apocalipsis, Dios repetidamente pronuncia bendiciones sobre el que vence. Es el mensaje de Dios que pende sobre una generación como señal. Es el estandarte y la norma por la que serán juzgadas todas las almas cuando comparezcan ante su Creador. Cómo presionamos hacia la meta, cómo soportamos la lucha, o cómo manejamos la tarea que tenemos entre manos y administramos las asignaciones, son todos aspectos de la vida que muestran la verdadera medida de fe que tenemos para vencer. El Eterno, Dios nuestro Padre, nos anima y hace provisión diariamente para asegurar que nosotros, Sus hijos, venzamos todo obstáculo o adversario para ganar el premio de nuestro alto llamamiento. Debemos comprender aquellas cosas que Él nos concede para aprovechar la plenitud de la vida y la libertad que se nos ha dado.

Hace un tiempo, en un día cualquiera, tuve una experiencia muy cautivadora que me hizo reflexionar mientras leía el libro de Apocalipsis. Ese evento me abrió los ojos para ver mi caminar de manera diferente, llevándome a dejar atrás una forma de vida familiar mediocre, rutinaria y superficial. Al mismo tiempo, me impulsó a una nueva vida de devoción sin distracciones y libertad para convertirme en una persona con la que no estaba familiarizada, la persona que Dios me había hecho ser. Pude ver la enorme cantidad de amor que Dios tiene por nosotros, y eso fue lo que me inspiró a escribir este libro.

Esto es lo que deseo para ti. Quiero que experimentes un nuevo caminar y que te encuentres con Dios de manera diferente, hasta que cada parte de tu espíritu esté viva y sea libre, y ya no seas zarandeado, ni te sientas sujeto a las olas tumultuosas de las circunstancias y la cultura.

Dios desea que veamos más de lo que vemos actualmente. Que percibamos aquellas cosas que nos impiden recibir las bendiciones, paz, propósito y prosperidad. Él quiere que todos sepamos lo que nos hace tropezar, para que siempre seamos capaces de vencer. Desde lo más profundo de Su corazón, el Señor desea que cada uno de nosotros experimente el poder de Su amor. Anhela que nos acostumbremos a estar sentados en lugares celestiales y a gobernar con Él desde Su trono.

Al que salga vencedor y cumpla mi voluntad hasta el fin, le daré autoridad sobre las naciones.

— Apocalipsis 2:26 (NVI)

No es fácil, pero es factible. Comienza con la profundidad de Su amor. El amor es la clave para vencer todas las cosas. El amor tiene que ver con la administración, el respeto, el honor, la multiplicación y la promoción. La Biblia nos dice que el amor es el regalo más grande de todos (1 Corintios 13:13). Supera todas las cosas. La Palabra de Dios dice descriptivamente que Dios mismo es amor (1 Juan 4:8). Soy una persona que ha sido profundamente marcada y transformada por ese amor radical y ardiente, así que quería hacer este libro lo más práctico y asequible posible.

Decidí compartir estas revelaciones, porque fui testigo de la transformación en los demás, a medida que explicaba estas verdades a través de talleres, mentorías y enseñanzas. Vi una transformación y un crecimiento asombroso en sus vidas, simplemente equipándoles para comprender las profundidades del rico y poderoso amor de Dios y lo que hace en las vidas de aquellos que le dan cabida. La gente llegaba a mi vida de una manera y salían de otra completamente diferente. Progresaban a pasos agigantados.

Es importante para mí que recibas la guía, la sabiduría y la instrucción que necesitas para tener éxito en tu llamamiento divino y vivir una vida de triunfo. Al leer este libro, oro para que obtengas la comprensión y la claridad necesarias para vivir una vida de victoria. Mi oración es que recibas la fuerza, la gracia y la visión para lograr cualquier cosa que el Señor te llame a hacer en esta nueva era.

En Proverbios 4, Dios nos dice que obtengamos entendimiento:

> *¡Sabiduría ante todo! ¡Adquiere sabiduría!*
> *Y antes que toda posesión, adquiere*
> *entendimiento.*
>
> — Proverbios 4:7 (RVA-2015)

Me comprometo a darte conocimiento y entendimiento para que tengas una vida victoriosa. Este libro marcará nuevos rumbos y escribirá nuevos capítulos en tu vida, lo que producirá una historia más grande que solo podrá ser escrita por el Autor de toda la creación, no solo para ti, sino también para las generaciones que te seguirán.

En última instancia, todos deseamos ver una transformación saludable a nuestro alrededor para poder prosperar y poseer un resultado más fructífero y favorable. Ésta es también, la intención original del Señor para cada uno de nosotros antes de que el hombre fuera formado. Esta es la vida que Él soñó e hizo posible para aquellos que vinieran a Él. Este es el momento de abrir los ojos y permitir que Dios nos levante para que podamos comenzar el viaje para descubrir las personas que realmente fuimos destinados a ser en este momento histórico.

Capítulo 1
Que Brote el Amor

Cuando me convertí en una nueva creyente en Cristo, el mundo a mi alrededor cambió drásticamente. Todo lo que conocía parecía estar expuesto tal como era en realidad. Por primera vez en mi vida, sentí que podía ver "detrás de la cortina". Las cosas y las personas que me habían hecho sentir feliz en un momento dado, ahora parecían dejarme agotada y vacía. Eso fue un tremendo cambio de juego para mí. Las cosas a las que normalmente corría, ahora no me satisfacían porque mi alma anhelaba un toque de Dios en cada momento de cada hora y de cada día.

Cuando tenemos un verdadero encuentro con Dios, nos marca de por vida. Podemos intentar volver a la vida normal o a los negocios como de costumbre, pero parece que solo estamos dando vueltas. La presencia de Dios nunca puede desaparecer. Una vez que lo hemos visto, no podemos dejar de verlo. Una vez que lo hemos experimentado, no podemos actuar como si no lo hubiéramos hecho. Curiosamente, somos diferentes, pero seguimos siendo la misma persona.

Ahí es donde me encontraba yo. No podía entender cómo ser esta nueva criatura en Cristo, pero también sabía que no podía aferrarme a mis pensamientos oscuros y permanecer en una forma de vida que me dejaba sintiéndome vacía e inútil. Durante ese tiempo, fue difícil entender dónde estaba en la vida y cómo se suponía que debía seguir adelante.

Cuando iba a la iglesia, escuchaba palabras como fe, oración y gracia una y otra vez. Realmente no entendía estos conceptos porque no formaban parte de mi vocabulario cotidiano. Esto me dejaba sintiéndome inadecuada porque era plenamente consciente de mi frágil humanidad cada vez que estaba inmersa en la alabanza y en la adoración. Cada vez que exaltaba a Dios, la grandeza de quién es Él se magnificaba enormemente, mientras que la necesidad de Él aumentaba en mi corazón. Cuando veía mis pensamientos y actitudes pecaminosas, le pedía a Jesús que me cambiara. A veces era fácil y a veces era desgarrador, porque sabía que tenía que permitirle que obrara Su verdad en mí y me cubriera de una manera nueva. Tuvo que quitar todas las capas de mentiras que durante años había usado para cubrir mis defectos e inseguridades. No importaba lo desordenada que pareciera mi situación, el Señor siempre estaba lleno de compasión cuando le hablaba a mi alma herida.

Poco después de haber entregado mi vida a Dios, estaba hablando con Él, tratando de ser lo más honesta posible. Le dije: "Señor, enséñame a orar. Realmente no sé cómo hacerlo, pero por supuesto, ya lo sabes, ¿verdad?".

Él respondió y me dijo: "Robyn, ora esta oración todos los días y yo haré el resto". Di estas palabras: 'Señor, permíteme amarte más, y no dejes que me engañen'".

Sentí que eso era demasiado simple. Además, no sentía que lo amara o que tuviera la capacidad de amarlo en ese momento. Como resultado, sentí que era un poco hipócrita, ¡y odiaba ser hipócrita! Pero aun así obedecí porque Él ya me estaba demostrando que era digno de mi confianza, incluso desde los primeros días de nuestra relación. Él realizó muchos milagros extraordinarios para mí y para mis hijos durante ese tiempo, entonces, ¿por qué iba a dudar de Sus palabras?

Así que lo hice. Lo hice por obediencia. Hice esa oración sencilla durante semanas, y luego las semanas se convirtieron en años. Hizo que mi corazón se ensanchara y se llenara de una mayor capacidad para amar. Sin que yo fuera consciente de ello, había desarrollado un amor sincero y profundo por Dios y por los demás. Era completamente sobrenatural.

Mis comportamientos y deseos cambiaron drásticamente. Comencé a anhelar Su presencia en medio de mi jornada laboral. Escuchaba música de adoración en el trabajo solo para sentir una conexión más profunda con el Señor. ¿Qué? Esta no era mi norma. Ni siquiera puedo repetir algunas de las canciones que solía escuchar antes de encomendar mi corazón a Cristo. ¡En serio!

A través de esta experiencia, Dios comenzó a hacerme saber que nuestra relación se basaba en Su obra, no en la mía. Me permitió saber que fue por Su Espíritu que fui atraída a Él, redimida por Él, y ahora caminando en comunión con Él. Yo no inicié nada de eso. De hecho, el Señor me habló todas estas cosas antes de que supiera que estaban escritas en la Biblia.

El Amor lo es Todo

"Señor, permíteme amarte más", fue una oración que Dios comenzó a formar dentro de mi corazón. Él alineó mi corazón con las palabras que estaba hablando por fe, e hizo que mi confesión fuera verdadera. Mi corazón comenzó a desear profundamente amarlo con todo mi ser. Fue como si se produjera un intercambio divino. Cuando le dije esas palabras a Dios, ¡Él comenzó a trabajar e hizo que se materializaran dentro de mí! No me di cuenta de que este proceso estaba ocurriendo en ese momento. De hecho, meses después fue cuando me di cuenta de que ya no era difícil orar o clamar al Señor. Ya no me cuestionaba a mí misma, preguntándome si estaba diciendo las palabras correctas o haciendo las oraciones adecuadas. Estaba expresando con valentía mis sentimientos y mis pensamientos, porque había desarrollado una hermosa relación con Él. Mi corazón rebosaba de amor y de pasión por Dios, y todo lo que quería era más de Él en cada momento del día. ¡Me había convertido en una persona completamente nueva!

La iglesia ya no era una tarea para mí, como lo había sido cuando era niña. Se convirtió en un lugar donde iba a encontrarme con Dios. Cada vez que me presentaba allí, sabía que Él me estaría esperando para conocerme. Estaba llena de mucha emoción y expectativas, y sabía que cada experiencia sería mejor que la anterior. Era como si me infundieran vida. ¡Volví a la vida! Ya no estaba confundida ni decepcionada. Volví a llenarme de esperanza. Incluso mi forma de hablar cambió por completo. Era increíble. Creía en cosas mejores y en resultados mejores, no solo para mí, sino también para todos los que me rodeaban.

Hacer la oración sencilla que Dios había hablado a mi corazón, me hizo desarrollar una relación genuina con Él, y esto lo cambió todo. Recibí mucho más de lo que podía dar. Es gracioso considerar cómo al principio me había sentido avergonzada y apenada por mi falta de profundidad espiritual. Pero Dios ya sabía que lo único que podía darle era mi corazón, y eso es exactamente lo que Él quería. Eran mis deseos lujuriosos, mis motivos ocultos y mis malas intenciones las que necesitaban cambiar para que yo pudiera ver todo lo que Él tenía para mí. Por favor, escúchame, esas cosas no iban a cambiar hasta que recibiera algo más grande que revelara la verdad sobre mí y la verdadera condición de mi corazón. Con amor, Dios me expuso, pero luego me cubrió. Reveló mis inseguridades y me dio más gracia para superarlas. Me sentí como Abraham en Génesis 15. Dios le habló a Abraham acerca de su temor para poder asegurarle Su provisión y protección infinitas.

Después de estas cosas vino la palabra del SEÑOR a Abram en visión, diciendo: No temas, Abram. Yo soy tu escudo, y tu galardón será muy grande.

— Génesis 15:1 (RVA-2015)

El Amor de Dios Vence

Experimenté mucha sanidad interior y liberación durante mis primeros años como cristiana. Dios me llenó con Su Espíritu amoroso y me convirtió en una persona completamente nueva que podía vencer cualquier cosa. Cuanto más me encontraba con el amor de Dios, más capas de suciedad se desprendían de mí. Todo, desde el temor y la inseguridad hasta la fornicación, la manipulación y la embriaguez. Fui literalmente transformada por el poder de la misericordia, la bondad y el amor de Dios. Esta relación íntima era tan pura y llena de luz, que rompió toda forma de oscuridad que una vez me había oprimido fuertemente y me había mantenido cautiva. ¡Era tan libre que apenas podía guardármelo para mí!

El amor de Dios nos libera de todas esas cosas que nos retienen e intentan confinarnos. Así que cuando oré: "Señor, permíteme amarte más y no dejes que me engañen", ¡me estaba liberando de todo lo que me había mantenido cautiva!

Mientras mis deseos se dirigieran hacia todas las personas y lugares equivocados, nunca podría producir nada bueno en mi vida. Mis falacias me hicieron vivir en un pozo de falsedad, tontería y fantasía. Pero Dios intervino y transformó todo para mí. Él era más que misericordioso. Él era más que indulgente. Él se convirtió en mi todo.

Así es como Dios nos ama fervientemente. Él quiere demostrar ese amor de muchas maneras diferentes, para que podamos verlo con nuestros propios ojos y abrazarlo de buena gana. Debido a que Él está profundamente comprometido y ha invertido tanto en nosotros, misericordiosamente llenará nuestras bocas con las palabras correctas, nos dará el corazón correcto y nos guiará por el camino correcto para que podamos conocerlo y experimentar la vida de una manera más plena. Le da la vuelta por completo al guión y cambia toda la narrativa de absolutamente nada a algo extraordinario. ¡Increíble!

Cuando permitimos que el poder del amor inunde nuestros corazones, ganamos fe y paz sobre nuestro futuro. Cambia las viejas y contaminadas mentalidades que nos impiden obtener las bendiciones que estábamos destinados a obtener. Dios rompe esas cadenas de nuestros corazones para que seamos libres de adorar, amar y seguir Su dirección. Cobramos vida y entramos en una nueva dimensión en la que somos verdaderamente capaces de experimentar la bendición del pacto. Él nos toma de la mano y nos guía a Su plan de pacto predestinado.

El Señor opera a través de las relaciones de pacto. Es a través de estas relaciones comprometidas, que Él establece soberanamente Sus propósitos y promesas para Sus hijos. Debemos aprender a caminar fielmente con Él para ver Su plan revelado.

Por ejemplo, veamos la vida de Josué, que es un gran testimonio de esto. En el primer capítulo del libro de Josué, Dios le dijo que Moisés había muerto, y que ahora había llegado el momento de que se levantara y guiara al pueblo de Israel a la tierra donde se cumplirían sus promesas. Sin embargo, si iba a tener éxito, tendría que meditar en las instrucciones de Dios día y noche para que el orden de Dios pudiera establecerse y los israelitas pudieran salir victoriosos.

La palabra hebrea *hagah*, que significa meditar, denota la acción de hablar y meditar. Entonces, Dios habló y le dijo a Josué que hablara y meditara en Sus palabras día y noche. Esto establecería su éxito como líder y haría que la nación de Israel poseyera la tierra que Dios había prometido a todos los descendientes de Abraham.

Creo que es de vital importancia que cada uno de nosotros comprenda y recuerde dos hechos importantes. En primer lugar, Dios nos elige. En segundo lugar, es el plan predeterminado de Dios el que estamos cumpliendo, no el nuestro. Aunque podemos disfrutar de muchos beneficios de seguir a Dios, debemos recordar que estamos aquí para llevar a cabo nuestro mandato divino. No podemos buscar bendiciones, beneficios u otras cosas materiales y superficiales, y esperar cumplir el destino divino. El plan de Dios es más grande que nuestro propósito individual. La única manera de establecer el plan del Maestro es seguir el plan original y ejecutarlo de acuerdo con lo que el Maestro considere oportuno. Recuerda, los puros de corazón verán a Dios. Todo se cumplirá a través del amor, y Dios cumplirá cada promesa porque nos ama.

Sigue al Líder

Sé lo que está pasando por tu mente ahora mismo. Te estás preguntando: "¿Podría ser tan fácil?". Bueno, la respuesta es sí y no. Sí, porque simplemente podemos seguir las instrucciones de Dios. Y no, porque debemos ser capaces de ver a Dios y de cómo se mueve. Debemos conocer la sabiduría divina o la revelación que Él nos está presentando para que podamos vencer todos los obstáculos, tentaciones o tropiezos que nos impidan cumplir con éxito nuestro propósito en la Tierra. El conocimiento revelado es la clave que nos hace andar por el camino que Dios tiene para nosotros.

Tu palabra es una lámpara que guía mis pies y una luz para mi camino.

— Salmo 119:105 (NTV)

Los mandamientos del Señor son rectos, traen alegría al corazón. Los mandatos del Señor son claros, dan buena percepción para vivir.

— Salmo 19:8 (NTV)

No tenemos que esforzarnos para entrar en una nueva temporada, ni para cumplir el propósito de Dios. Todo lo que debemos hacer es buscarlo. Dios cumple cada una de Sus promesas porque nos ama profundamente. Él no espera ni necesita que seamos perfectos. Hay lugar para el error en nuestra relación con Él. Su Espíritu nos guiará, perfeccionará y posicionará para que recibamos todo lo que necesitemos. Dios no quiere que nos estrellemos y nos quememos cada vez que tengamos un nuevo impulso. Él quiere que cobremos vida y prosperemos constantemente. Anhela que avancemos con fuerza y favor sobrenaturales, tal como Él lo planeó. Nos ve dando grandes saltos de fe, superando las situaciones más difíciles y cambiando apasionadamente el mundo, porque Dios mismo vive dentro de nosotros.

¡Así que toma hoy la decisión de dejar de esforzarte y permítele que te muestre el camino, los obstáculos y las claves que necesitas para manifestar todo lo que estás destinado a ser! Proverbios declara del hombre:

Porque cual es su pensamiento en su mente, tal es él...

— Proverbios 23:7 (RVA-2015)

La palabra hebrea para pensar simboliza o representa a un portero. Un portero otorga o prohíbe el acceso a algo, a algún lugar o a alguien. Así que, este pasaje afirma que la forma en que una persona vigila su propio corazón está directamente relacionada con la forma en que esa persona existirá o vivirá. Por esta razón, es importante que seamos honestos, humildes y perspicaces. Estas cosas harán que recibamos y entendamos nuestro mundo de manera muy diferente a como lo percibimos en este momento.

Antes de leer el resto de este libro, hazte una promesa ahora mismo y di: "Me estoy convirtiendo en una persona valiente y llena de fe, que busca activamente a Dios para establecer el verdadero propósito y alcanzar la victoria en todas las áreas de mi vida. No dejaré piedra sin remover y me entregaré completamente al plan superior de Dios. ¡Esta es la hora en la que me levantaré y venceré!" ¡Ahora vamos!

Meditación para la Aplicación

Aparta de 15 a 30 minutos diariamente para estar en comunión con Dios. Lee cada día y medita en uno de los pasajes de las Escrituras que se enumeran a continuación. Sigue estos pasos.

1. Ve a un lugar tranquilo y sin distracciones.
2. Pon una canción de alabanza y escucha solo la letra.
3. Pídele a Dios que te revele Su corazón y significado mientras lees las Escrituras.
4. Escribe tus reflexiones en la parte inferior o en tu diario.
5. Lee las escrituras diariamente para que recibas la máxima revelación.

Salmos 119:105 (RVA-2015)
Salmos 19:8 (NTV)
Proverbios 23:7 (RVA-2015)
Génesis 5:1 (RVA-2015)

Momentos de Reflexión

1. ¿Cómo influyó en tu actitud y en tus acciones el meditar en la Palabra de Dios?

2. Describe un momento de la última semana en el que el amor de Dios fluyó sobre ti y te ayudó a ver con claridad en una situación.

3. Fíjate en tu forma de pensar durante la próxima semana. ¿Cómo influyen tus pensamientos en tu perspectiva del mundo y en tu gozo?

4. ¿Es Dios tu todo? Empieza a decirle que lo es en todo, y en cada situación. Observa cómo cambian tu corazón y tu mente.

Capítulo 2
Mira Tu Salida

Dichoso es quien
no sigue el consejo de los malvados,
ni se detiene en la senda de los pecadores,
ni se sienta en la reunión de los burladores,
sino que en la Ley del Señor se deleita y día y
noche medita en ella.
Es como el árbol plantado a la orilla de un
río que, cuando llega su tiempo, da fruto
y sus hojas jamás se marchitan.
Todo cuanto hace prosperá.

— Salmo 1:1-3 (NVI)

Cuando Dios derrama amor en nuestros corazones, afecta cada parte de nosotros. Es como un aguacero torrencial que no se detendrá hasta que todo esté saturado y transformado por la lluvia del cielo. Nuestras actitudes, pensamientos, apetitos y deseos comenzarán a experimentar un cambio drástico a medida que la tierra de nuestro corazón se ablanda.

Permíteme pintar otro cuadro. Cuando el Amor mismo está infundiendo nuestro corazón humano, es como si se hiciera algún tipo de procedimiento médico que no podemos deshacer. Hace que veamos y hagamos las cosas de manera diferente, cambiando nuestra propia existencia a una nueva forma de vida. No podremos comer lo mismo, ni beber lo mismo o disfrutar de la misma compañía de personas. Un trabajo profundo se lleva a cabo dentro de nosotros para hacer espacio a nuevas plantaciones que producirán nuevos frutos. Este amor rico y poco común no viene a hacernos la vida más fácil; viene a hacer nuestras vidas mejores y mucho más fructíferas.

Cada uno de nosotros tiene un destino y un propósito únicos. Lo descubrimos permitiéndonos iluminarnos de nuevas maneras. Dios tiene mil maneras de darnos lo que necesitamos, pero debemos estar dispuestos a recibirlo como Él lo envíe. Muchas veces, nos perdemos estos paquetes divinos que Dios envía porque nos resistimos a quien los está entregando. Sin embargo, el que entrega no es en realidad el remitente. El Señor es el remitente, como se afirma en Santiago 1.

Toda buena dádiva y todo don perfecto proviene de lo alto y desciende del Padre de las luces en quien no hay cambio ni sombra de variación.

— Santiago 1:17 (RVA-2015)

Entonces, si es un regalo que nos ayudará a permanecer arraigados en Dios y nos hará crecer, multiplicarnos y tener éxito, es enviado por el Dios de Amor. Cuando Dios nos envía estas diferentes expresiones de Su bondad amorosa, crecemos y florecemos más allá de nuestros sueños más descabellados. Abre nuevas puertas y dimensiones con las que aún no hemos soñado. Entonces, ¿cuáles son algunas de estas expresiones que necesitamos comprender si realmente vamos a vencer?

Echemos un vistazo más profundo a las diferentes facetas del amor. El consejo sabio es una expresión de amor. La fe es una expresión de amor. La paz es una expresión de amor. La alegría es una expresión de amor. El servicio expresa honor y amor. La promoción es una expresión de amor. La justicia expresa un amor audaz. El coraje expresa el amor valiente. Incluso la visión, la verdad y el propósito obran por amor.

¿Lo estás viendo? El crecimiento y la prosperidad están arraigados en el amor. El crecimiento proviene de la corrección amorosa y la instrucción. A medida que crecemos, nos desarrollamos, aumentamos y multiplicamos. La prosperidad es el fruto de la voluntad de crecer y ser enseñado. Por esta razón, nunca debemos dejar de estar dispuestos a aprender o a recibir corrección, porque está directamente relacionado con nuestro nivel de crecimiento y prosperidad.

La sanidad, la fuerza, la confianza y la plenitud también están arraigadas en el amor. Ya sea que recibamos sanidad a través de medios naturales o sobrenaturales, Dios nos la da por Su gracia y consideración hacia nosotros. Su poder de sanidad se activa a través de la atención, el apoyo incondicional y la compasión persistente. Una vez que una persona experimenta este tipo de amor repetidamente, se establecen nuevos patrones de sanidad, que hacen que el corazón y el alma entren en una mayor medida de paz interior, fuerza y confianza. En este punto, comenzamos a sentirnos completos y nos convertimos en lo que estábamos destinados a ser desde el principio. La plenitud produce un sentido de identidad fuerte y seguro. Experimentamos una regeneración que nos afecta mental, emocional, física e incluso relacionalmente. ¡Se siente como si hubiéramos sido hechos nuevos!

Por esta razón, debemos entender esta verdad. Toda la vida fluye desde el lugar del amor. Dios es amor y no hay mayor realidad de amor y de vida fuera de Él. Si recibimos las expresiones de amor que Él nos da, poseeremos la vida que Él ha prometido. Cualquier cosa que desafíe esta verdad hará que perdamos la vida que estábamos destinados a vivir. Por lo tanto, debemos disciplinarnos para vivir según la verdad que se encuentra solo en Dios. Entonces experimentaremos el gozo y las riquezas de nuestro pacto que solo Sus palabras pueden traer. ¿Estás listo para profundizar? Bien, pongámonos las gafas de natación y sumerjámonos.

La Vida Fuera del Amor

Cuando leemos el primer capítulo de Génesis, aprendemos que en pocos días Dios creó meticulosamente el universo y todo lo que hay en él. Fue intencional, calculador y decidido a establecer Su hermoso plan para poder tener compañerismo y comunión con seres semejantes a Dios en la Tierra. Pero fíjate en la secuencia de los acontecimientos. Él creó el día y la noche, la tierra y los mares, las plantas y los animales, y todos los demás seres vivientes. Luego creó a un hombre llamado Adán y a una mujer llamada Eva. Como nota al margen, esto significa que estas cosas fueron creadas para la humanidad y no la humanidad creada para las cosas.

Y Dios los bendijo con estas palabras: «¡Sean fructíferos y multiplíquense; llenen la tierra y sométanla; dominen a los peces del mar y a las aves del cielo, y a todos los animales que se arrastran por el suelo!». También dijo: «Yo les doy de la tierra todas las plantas que producen semilla y todos los árboles que dan fruto con semilla; todo esto les servirá de alimento. ³⁰ Y doy la hierba verde como alimento a todas las fieras de la tierra, a todas las aves del cielo y a todos los seres vivientes que se arrastran por la tierra». Y así sucedió. Dios miró todo lo que había hecho y consideró que era muy bueno. Vino la noche y llegó la mañana: ese fue el sexto día. — Génesis 1:28-31 (NVI)

Dios los bendijo y les dio la capacidad de prosperar en todos los ámbitos. Les dio autoridad y dominio sobre todo lo que había en la Tierra. Les dijo que se multiplicaran y llenaran la Tierra, porque había hecho toda clase de provisiones. Literalmente podían comer, gobernar y ser felices.

¿Te lo imaginas? Sin embargo, conocemos la historia de Génesis 3 y lo que exactamente ocurrió después. Después de que Dios bendijera a Adán, le dio amorosamente instrucciones para evitar caer en la tentación pecaminosa o se convirtiera en una versión inferior del ser glorioso que Dios había creado. Dios le dijo a Adán que no comiera del fruto del árbol de la ciencia del bien y del mal, porque si lo hacía, experimentaría la muerte. Más tarde, Eva, la recién creada esposa de Adán, cayó presa de la astucia de la serpiente. Esa serpiente astuta y malvada la convenció de hacer lo que Dios les había ordenado que no hicieran. Después ofreció el fruto del árbol del conocimiento del bien y del mal a Adán, y él participó del fruto junto con su esposa.

Así que aquí está la pregunta: ¿Qué cambió para causar su caída? ¿Fue su entorno o su situación? ¿Fue la cantidad de provisiones? ¿Cambió Dios de parecer? ¿Se les revocaron sus privilegios y poder? ¿Les falló el cuerpo de repente? No, fue su manera de ver. Su perspectiva cambió, y recibieron una mentira. Esa mentira alteró la verdad de la Palabra de Dios y los condujo a una alternativa destructiva.

Cuando el enemigo los convenció de que Dios no había revelado la verdad, recibieron la mentira de su adversario, el diablo. Esto hizo que el engaño entrara en la ecuación de la vida. El enemigo corrompió las palabras de Dios, y comenzaron a creer y percibir erróneamente. Ya no eran capaces de ver la vida abundante y extravagante que Dios les había provisto. Todo lo que podían ver era el único árbol que existía fuera de los límites del amor de Dios.

Génesis capítulo tres nos dice exactamente lo que sucedió después de que desobedecieron la instrucción del Señor. Dice:

> *En ese momento los ojos de ambos fueron abiertos y tomaron conciencia de su desnudez. Por eso, para cubrirse entretejieron hojas de higuera.*
>
> — Génesis 3:7 (NVI)

Ahora, una vez más, hagamos la pregunta obvia: ¿Qué ojos se abrieron? Sus ojos físicos seguían intactos porque leemos que Eva vio primero el fruto y luego lo deseó. Entonces, ¿qué ojos se abrieron? Los ojos del mal se activaron dentro de sus almas cuando comulgaron con la astuta serpiente y comieron del árbol maligno y prohibido. Los ojos de su entendimiento ya no podían ver la perfección de Dios; sólo podían ver las imperfecciones y los defectos de la creación. La culpa y la vergüenza les hicieron esconderse y protegerse de Dios.

Detengámonos aquí y tomemos un momento para darnos cuenta de lo que no estaba sucediendo. Miremos a través de los ojos de Dios para obtener un entendimiento claro. Debemos entender y reconocer el valor del amor y la gracia de Dios en momentos como este, cuando nos quedamos cortos y lo desobedecemos. Dios Padre continuará extendiendo amor, no importa cuánto estropeemos las cosas. Él no cambia. Sin embargo, ¿habría cambiado la historia si hubieran confesado su pecado y hubieran pedido perdón? Probablemente, basado en lo que vemos en los Salmos 51 y 34.

> *...tú, oh Dios, no desprecias*
> *al corazón quebrantado y arrepentido*
>
> — Salmo 51:17 (NVI)
>
> *El Señor está cerca de los quebrantados de*
> *corazón y salva a los de espíritu abatido.*
>
> — Salmos 34:18 (NVI)

Así es como sabemos que el arrepentimiento definitivamente habría ayudado a mejorar su situación. Los corazones arrepentidos habrían abierto sus ojos y los habrían movido más allá de su vergüenza. El Señor habría acudido gustosamente a rescatarlos y los habría devuelto a Su verdad. Este simple acto de confesión podría haberles hecho permanecer en la presencia de Dios y vivir una vida de bendición perpetua.

Cuando no nos vemos a nosotros mismos o a los demás como las hermosas plantaciones creadas por el Señor, debemos entender que los estamos viendo a ellos, y a nosotros mismos, por lo que entró en el corazón de la humanidad después de la caída del hombre. Solo el verdadero arrepentimiento puede limpiar nuestro corazón y renovar un espíritu recto dentro de nosotros. Los puros de corazón verán a Dios en toda Su creación. Dios quiere que nos miremos en el espejo y nos veamos a nosotros mismos como Su hermosa y asombrosa obra.

¿Qué lecciones podemos aprender de esto? ¿Cómo podemos ser empoderados para vencer las mentiras de nuestro enemigo? Primero, debemos vivir y permanecer en la verdad de lo que Dios ha hablado. Su verdad es la única garantía de promesas cumplidas. No podemos darnos el lujo de aceptar mentiras o cualquier perversión de la verdad de Dios, porque sufriremos las consecuencias y permaneceremos fuera de las puertas de la promesa.

En segundo lugar, debemos estar plenamente persuadidos y comprometidos a confiar en la verdad que Dios dice. De lo contrario, seremos fácilmente influenciados o zarandeados por la versión de verdad de los demás. Nos volveremos de doble ánimo y crearemos un lugar para que entre el mal. La única manera de superar las mentiras o el engaño es no darles cabida. Si toleramos el engaño, le daremos cabida. Esto incluye también el compromiso y la conformidad. Para ser victoriosos, debemos decir la verdad con valentía sobre toda mentira, o seremos llevados cautivos y perderemos nuestra herencia como hijos del Altísimo.

Por último, debemos enfrentar con fervor los efectos del pecado y recuperar la visión y el propósito que Dios quiso que tuviéramos. Ya no podemos permanecer complacientes o apáticos con respecto a nuestro destino divino. Nuestra visión se vio muy afectada por los efectos del pecado, y Dios anhela restaurar esto.

Un día el Señor me habló y me dijo: "En el Huerto del Edén, les di todo. No les negué nada bueno. Cuando dije: "No comerán del árbol de la ciencia del bien y del mal", no tenía la intención de ocultar ningún conocimiento o posesión (refiriéndose a la humanidad).

Realmente no hay nada bueno que te haya negado. Más que nada, anhelo bendecirte. No quería que participaras del fruto del bien y del mal porque no solo ibas a ver el mal en el mundo, sino que también comenzarías a verlo en ti mismo. Verías tus defectos y faltas, y comenzarías a manipular y a tramar para mantenerlos ocultos. Tu vergüenza y degradación te harían esconderte en cautiverio, mientras culpabas a otros por tu dolor, inseguridades y disfunción. Empezarías a compararte y a competir unos con otros en lugar de completaros mutuamente. Sabía que cada vez que te separaras de Mí, la verdadera fuente de tu existencia, cargarías con el quebrantamiento, el rechazo y el abandono, y una plétora de otras heridas emocionales en el centro de tu ser. Después de todo, quien realmente eres solo se encuentra en Mí, Aquel que te creó. Así que ahora te pido que comprendas que Mi plan fue, es y siempre será que habites conmigo y te deleites en Mi bondad. No te negaré nada bueno, amada mía.

¡Dios es tan bueno! Él es nuestro Árbol de Vida que nos hace probar y ver la bondad y la fidelidad de Dios. De hecho, Él es tan fiel que envió a Su único Hijo a morir por nuestro fracaso e incredulidad. Fue la falta de juicio del hombre, sus deseos desenfrenados y su incredulidad lo que causó el mayor fracaso en la historia de la existencia de la humanidad. Pero Dios sigue siendo fiel y amoroso, sin importar lo que causemos o traigamos sobre nosotros mismos.

A pesar del comportamiento pecaminoso del hombre, Jesús nos trajo una gran restauración y redención al ser colgado de un madero. Recuerda, el Huerto del Edén es donde perdimos todo, incluyendo nuestra identidad, llamamiento y herencia eterna. Adán y Eva pecaron contra Dios al comer de lo que Él había prohibido. Piénsalo seriamente. La humanidad rompió el pacto al comer del árbol prohibido, y Jesús creó una manera de recuperarlo todo muriendo en un madero. Él fue justo al lugar donde fallamos, para que pudiéramos recuperarlo todo. ¡Eso es amor!

Nuestro desafío ahora es ver el camino que Jesús ha preparado para que cada uno de nosotros venza, obtenga la victoria y viva la vida abundante que Él compró para nosotros. Como hijos e hijas de Dios, hemos sido divinamente creados para tener comunión con nuestro Padre y expresar Su bondad por toda la Tierra. Estamos llamados a gobernar con Su autoridad, cambiar vidas y hacer que la tierra se alinee con los propósitos de Dios. Es posible que tengamos funciones y esferas de autoridad únicas, pero nuestro llamamiento celestial nunca será tomado.

¿Qué es lo que Te Detiene?

Ahora te pregunto: ¿Qué es lo que te detiene? ¿Acaso es la situación actual de tu hogar? ¿Tal vez sea tu empleo actual o la falta de este? Tal vez la mejor pregunta sería: ¿Quién, no qué, te está deteniendo?

¿Podrías alguna vez creer una verdad que revelara que tú eres el principal obstáculo para tu falta de progreso o éxito personal? Es muy posible y probable que tú seas lo único que esté obstaculizando tu progreso. ¿Y si lo que tiene que cambiar es tu percepción y no sólo tu suerte en la vida? ¿Qué pasaría si los recursos necesarios para cambiar tu situación han estado todo el tiempo frente a ti?

Por ejemplo, podrías decir: "Si tan solo tuviera un coche, podría hacer lo que más me apasiona". Sin embargo, nunca te diste cuenta o pensaste que podrías haber conducido el coche viejo de tu padre, que funciona perfectamente, tiene el tanque lleno de gasolina y está en el garaje de tus padres acumulando polvo. Hablando honestamente, ¿sería una cuestión de circunstancias o de conciencia?

Dios quiere que despertemos y vivamos plenamente conscientes de Su presencia, provisión y estrategias victoriosas e imprevistas a medida que viajamos hacia nuestros propósitos y destinos divinos. Dios siempre tiene un plan de acción meticuloso y estratégico para que avancemos y caminemos hacia nuestros lugares de propósito. La Biblia dice que Él siempre nos lleva al triunfo (ver 2 Corintios 2:14), ¡así que siempre hay un camino preparado para que avancemos hacia la victoria divina! Piensa en esto. Si alguna vez nos sentimos atascados o derrotados en cualquier área de nuestras vidas, es simplemente porque no hemos llegado a ser conscientes y comprender el plan de Dios para esa área específica. La estrategia que Dios nos revela se convierte en nuestro camino a la victoria. En Mateo 6:8 dice que el Padre sabe lo que necesitamos antes de que se lo pidamos.

No sean como ellos, porque su Padre sabe lo que ustedes necesitan antes de que se lo pidan.

— Mateo 6:8 (NVI)

Esto hace que Él anhele aún más responder a nuestras oraciones, porque anticipa que acudamos a Él para recibir nuestra provisión. Cuando sabemos que nuestro Padre Celestial está anticipando y esperando que vayamos a Él en busca de provisión, podemos pedir con confianza, valentía e incluso continuamente. Él promete suplir todas nuestras necesidades.

Mi Dios, pues, suplirá toda necesidad de ustedes conforme a sus riquezas en gloria en Cristo Jesús.

— Filipenses 4:19 (RVA-2015)

Dios también nos llenará de visión para la provisión cuando lo pidamos. Debemos entender que pedir está vinculado a nuestro nivel personal de humildad y de madurez. Es posicionarnos para recibir la claridad y la sabiduría que necesitamos, para establecer una determinada tarea o acción. Si estamos dispuestos a pedir, Él siempre está listo para iluminar cualquier oscuridad dentro de nosotros o lidiar con cualquier mal que podamos enfrentar.

> *Ciertamente haces que mi lámpara alumbre. El SEÑOR, mi Dios, ilumina mis tinieblas.*
>
> — Salmos 18:28 (RVA-2015)

Tiene que Haber Revelación

Una vez que reconocemos qué o quién nos está deteniendo, necesitaremos la revelación del Señor para seguir adelante y prosperar. Esta es la razón por la cual, la revelación profética se vuelve tan importante para cada uno de nosotros. Juan 6 dice:

> *El Espíritu es el que da vida; la carne no aprovecha para nada. Las palabras que yo les he hablado son espíritu y son vida.*
>
> — Juan 6:63 (RVA-2015)

Esto significa que las palabras que salen de la boca de Dios hacen que aparezcan nuevas dimensiones de la vida. Lo invisible se hace visible, y lo sobrenatural se manifiesta en el ámbito natural.

La profecía hace esto. Libera el poder creativo del Señor y el orden de Su reino directamente en nuestra atmósfera. Entonces, Su verdad se activa y comienza a moverse en cada área de nuestras vidas. La revelación profética puede cambiarnos y transformarnos personal, corporativa o globalmente, y en algunos casos, pueden ser las tres cosas. Así es como nos movemos de gloria en gloria.

> *Esta es la revelación de Jesucristo, que Dios le dio para mostrar a sus siervos lo que sin demora tiene que suceder. Jesucristo envió a su ángel para dar a conocer la revelación a su siervo Juan, quien por su parte da fe de la verdad, escribiendo todo lo que vio: la palabra de Dios y el testimonio de Jesucristo.*
>
> — Apocalipsis 1:1-2 (NVI)

El libro de Apocalipsis, escrito por el apóstol Juan, revela visiones asombrosas y detalles sorprendentes de sus interacciones, cuando fue llevado desde la isla de Patmos a los lugares celestiales con el Señor Jesucristo. A través de estos escritos, somos testigos de la naturaleza asombrosa y majestuosa, el poder soberano, la devoción fiel y la pasión implacable de Jesús para con Su pueblo. También podemos ver la magnificencia en el rol poco convencional que desempeña en el cumplimiento de la ley del amor, que es la voluntad divina y perfecta de Dios. En consecuencia, tal como Juan experimentó en ese día, Dios está llamando nuevamente a Su pueblo para que vea la Palabra viva revelada.

A través de los ojos de nuestro entendimiento, debemos recibir continuamente revelación espiritual para movernos hacia todo lo que Dios ha predestinado que cumplamos. Esto solo sucede cuando abrazamos a Jesucristo, la Palabra Viva misma. Cuando escuchamos la voz de Dios hablándonos en nuestro espíritu o cuando leemos nuestra Biblia, recibimos palabras puras de verdad y de poder que iluminan las áreas de nuestras almas que están oscurecidas y apagadas. La luz irrumpe en nuestro interior y hace que se forme una realidad completamente nueva. ¿No es increíble?

Ver Más Allá del Conocimiento Familiar

Juan era un apasionado seguidor de Jesús que más tarde se convirtió en un apóstol de la iglesia en Asia. Se le conoce como "el discípulo a quien Jesús amaba" a través de sus propios escritos, que se encuentran en el Nuevo Testamento en el evangelio de Juan. ¡Jesús tuvo que extender una gran cantidad de amor, favor y afirmación hacia Juan para que él sintiera que era tan especial! No solo se consideró a sí mismo como el discípulo amado, sino que también escribió un relato detallado al respecto, que probablemente ha sido leído por personas de todo el mundo. Eso sí que es confianza.

¿Estaba exagerando? No, no creo que estuviera exagerando en absoluto. Creo que Juan conmovió el corazón de Jesús con adoración, culto y devoción como ningún otro en el grupo. Supongo que esta es la razón por la cual Jesús eligió a Juan como el candidato perfecto para comunicar la inmensidad de quién es Él a través del libro de Apocalipsis.

Aunque Juan ya sabía que Jesús era el Hijo de Dios, el Señor todavía tenía que guiar a Juan a una mayor dimensión de sabiduría y entendimiento, para revelarle el propósito eterno y el destino de Su reino. Debía tener una visión más amplia de Jesús, reconociendo quién era y, aún más, reconociendo quién es Él y quién ha de venir.

> *Yo, Juan, escribo a las siete iglesias que están en la provincia de Asia: Gracia y paz a ustedes de parte de aquel que es y que era y que ha de venir, y de parte de los siete espíritus[a] que están delante de su trono;*
>
> — Apocalipsis 1:4 (NVI)

Dios está dirigiendo a sus hijos e hijas en esa dirección. Él nos está alejando de los paradigmas familiares de las prácticas religiosas tradicionales, y nos está llevando a encuentros extraordinarios con Dios, que Él ha anhelado ver manifestados desde el principio de los tiempos. Él no ha dado Su consentimiento a ninguna forma inferior de cristianismo.

Él quiere ver a su pueblo moviéndose en el desbordamiento de la gracia, la gloria y el poder. No estamos en la Tierra simplemente para existir. Hemos sido perfectamente adaptados a estos tiempos específicos para probar y hacer cumplir la perfecta voluntad de Dios. Que todos despertemos y seamos plenamente conscientes de quién es Dios y veamos que trata excepcionalmente bien a aquellos que lo aman y confían en Él.

Entrégalo Todo

Cuando recibimos revelación, muchas veces aprendemos que debemos entregarle todo a Él para caminar con Él y permanecer en Él. En un momento de mi vida, me encontré atrapada por lo familiar. El Señor vino a mí y me dijo muy gentilmente: "Robyn, no estoy en tu caja".

Me quedé sin aliento y dije: "¿Qué? ¿Qué dijiste?"

Sin vacilar, volvió a decir: "Yo no estoy dentro de tu caja. Tienes una caja, y sigues intentando meterme en ella. Pero no puedo encajar, y no encajaré. Deja de intentar ponerme ahí. Será mejor para ti que salgas de esa caja, que para Mí encajar en ella.

Al instante, comencé a llorar porque amo demasiado a Dios como para hacer que Él redujera la inmensidad de quién es Él, a mi diminuto nivel de comprensión. ¡Dios me libre de esperar a que Él se ajuste a mi voluntad! Comencé a gritar a todo pulmón: "Dios, ayúdame a derribar los muros en mi mente y alma que continuamente intentan encasillarte. No quiero que mis pensamientos, emociones o deseos me den una realidad diminuta y falsa de quién eres. Quiero saber quién eres Tú realmente. ¡Muéstrame, Dios! ¡Muéstrame!"

Como resultado de ese encuentro hace años, intencionalmente entregué todo para abrazar algo mucho más grande y salir a las aguas de este increíble viaje en el que estoy permitiendo que el Señor me guíe. Parece como si estuviera descubriendo continuamente el magnífico esplendor de quién es Dios realmente. Sus pensamientos son más que asombrosos, y Sus caminos nunca son menos que perfectos. Dios nunca dejará de ofrecernos la oportunidad de dar un paso adelante y avanzar hacia una mayor revelación de Su plan de pacto.

Veamos Jeremías 33:3. La Nueva Traducción Viviente dice que Él anhela contar secretos extraordinarios a los que se lo piden. ¿Estás dispuesto a dejar el lugar familiar para ver al Señor en una dimensión completamente nueva como lo hizo Juan el amado? Tú también eres Su discípulo amado, y Él revelará los misterios y las riquezas de Su reino, cuando decidas embarcarte en un viaje especial de búsqueda completamente nueva del Dios de amor. ¿Estás listo para ver lo que necesitas ver?

Clama a mí y te responderé; te daré a conocer cosas grandes e inaccesibles que tú no sabes.

— Jeremías 33:3 (NVI)

La Humildad Vence

¿Por qué son tan importantes la revelación y la entrega de todo a Dios? Éstos crean en nuestro interior una actitud de humildad.

Nuestra postura de humildad nos sirve para superar lo que nos vamos encontrado en la vida que nos impide avanzar.

¿Qué hacemos cuando estamos listos para ver de manera diferente, pero parece que nada de lo que hacemos funciona? ¿Qué sucede cuando el caos y la confusión continúan llenando la atmósfera y no hay una luz al final del túnel? El problema es que estamos tratando de ver en la oscuridad con nuestros propios ojos.

Es muy difícil ver en la oscuridad. Dios nos permite caminar a través de tiempos oscuros e inciertos. Nos permite sentir el descontento y la inquietud de perder a las personas, las cosas y los sistemas que nos dan una falsa sensación de satisfacción. Sí, Él lo permite. Esta es la razón por la que constantemente surgen situaciones y eventos inesperados que nos arrojan a diversas formas de prueba y tribulación. Nuestro sentido de normalidad y de comodidad se sacuden a medida que estas cosas se desarrollan. Cuando esto sucede, los seres humanos tendemos a tener miedo y a perder la confianza. La ansiedad aumenta a medida que nuestros pensamientos corren por todas partes sin ningún sentido de fe, esperanza o paz.

Nunca entenderemos por qué surgen los problemas o por qué ocurren otras interrupciones no deseadas. Pero podremos alcanzar una mayor comprensión de quién es Dios y lo que Él ha establecido para nosotros, de modo que continuemos firmes, a pesar de todo.

Pedirle ayuda al Señor es una lección de humildad. Requiere que reconozcamos nuestra necesidad de que Él intervenga divinamente. ¡Esto es muy importante!

Pidan, y se les dará. Busquen y hallarán.
Llamen, y se les abrirá. Porque todo el que pide
recibe, el que busca halla, y al que llama se le
abrirá.

— Mateo 7:7-8 (RVA-2015)

Todas estas cosas se basan en una cosa: la humildad. Una de las mayores claves para vencer en estos tiempos de incertidumbre es la humildad, especialmente en la sociedad actual. La humildad, nos mantiene en un lugar continuo de poder y autoridad para los desafíos que debemos enfrentar y superar. Es el acceso que necesitamos a todo lo que Dios tiene para nosotros. La humildad nos guía hacia la grandeza y nos afirma mediante la mansedumbre. Nos equilibrará y nos sustentará. Nos elevará y nos promocionará. La humildad es la llave de oro para establecer una vida de victoria.

El diccionario de la Real Academia Española define humildad como: "Condición de la persona que actúa sin orgullo, sin presumir de sus méritos y reconociendo sus defectos o sus errores". Algunos sinónimos de la palabra humildad incluyen recato, realismo, abnegación, mansedumbre y modestia. Cuando nos deshacemos del orgullo o de la arrogancia, en consecuencia, asumimos el estado de ser humildes. La humildad estará en la base de nuestro carácter cuando estemos libres del orgullo y de la altivez.

El autor de uno de los libros más vendidos y pastor Rick Warren escribió: "La humildad no es pensar menos de ti mismo, es pensar menos en ti mismo". En otras palabras, la humildad no es auto degradarse, es servicio. Cuando somos humildes, asumimos el papel o la posición de un siervo y buscamos satisfacer las necesidades de otra persona. Tener el corazón de siervo nos posiciona para recibir Su poder, no el nuestro. Nos da la entrada a dimensiones y a lugares a los que normalmente no tenemos acceso.

> *Como son más altos los cielos que la tierra,*
> *así mis caminos son más altos que sus caminos,*
> *y mis pensamientos más altos que sus*
> *pensamientos.*
>
> — Isaías 55:9 (RVA-2015)

Cuando somos humildes, podemos resistir el orgullo y la terquedad. Podemos decir: "Estoy dispuesto a rebajarme para obtener una perspectiva más elevada y convertirme en el instrumento o recipiente necesario para la tarea sin prejuicios, preferencias o ego. No tengo otra postura que la de convertirme en lo necesario para que se demuestre la voluntad de Dios".

Recuerdo un día en el que mi esposo y yo estábamos teniendo un fuerte desacuerdo. Dios me habló acerca de este concepto de humildad. En un momento muy acalorado, intervino y dijo: "Robyn, ¿quieres ganar la discusión, o quieres ganar la guerra? La guerra es contra tu matrimonio, tus hijos, tu posteridad futura y la bendición generacional en tu linaje".

Eso lo puso todo en perspectiva para mí. Logré un punto de vista más elevado porque vi más allá de mi ego, y supe en ese momento que tenía que decidir. ¿Elegiría llevar la razón o ser justa? La justicia es actuar de acuerdo con lo que Dios requiere o desea. Elegí humillarme y moverme hacia la justicia que Dios deseaba.

Todos los días debemos elegir este principio de humildad para caminar verdaderamente en victoria. Si tenemos un corazón puro y motivos puros, caminaremos en la integridad, el servicio y la sumisión que se necesitan para superar las pruebas de la vida. La sumisión y la humildad trabajan juntas como compañeros de equipo. Cuando somos humildes, nos unimos al equipo ganador y hacemos las jugadas ganadoras a causa de nuestra sumisión.

Una persona que está dispuesta a aceptar la sumisión entiende que hay una tarea mayor por delante con un resultado mayor, para un propósito mayor que el suyo propio. Somete sus actitudes opuestas a medida que se alinea y llega a un acuerdo para un bien mayor. Una persona sometida establece su mentalidad o punto de vista limitado, para servir al camino más elevado y al objetivo más amplio para lograr un mayor impacto y resultados efectivos.

Jesús es Rey y tiene un reino. Ese reino tiene su propio gobierno y sus propias leyes espirituales. Esas leyes establecen Su reino en la Tierra. Por lo tanto, cuando estamos completamente sometidos a Su plan, buscaremos los caminos de Su reino. Esto nos da pleno acceso a Su poder y autoridad para declarar confiadamente: "¡Venga tu reino, y hágase tu voluntad en la Tierra como en el cielo!"

En esta hora, el Señor nos está reajustando y realineando con Su propósito divino. Él aún está avanzando Su plan, sin importar lo que esté sucediendo en este momento en la Tierra. Él es el Maestro Constructor que todavía está construyendo y reuniendo Su iglesia. Los hijos e hijas de Dios deben entender el significado de la humildad y la sumisión.

Cuando nos sometemos al Creador del cielo y de la Tierra, esa postura de humildad hace que ganemos la visión y el corazón del Todopoderoso. Esto nos reposiciona y nos permite entrar en el mandato divino para el que fuimos creados para caminar y cumplir.

Cuanto más estemos llenos del corazón de Dios, más comprenderemos Sus objetivos para nuestras vidas. Cuando nos humillamos para recibir de Él, podemos ver la inmensidad de Su poder y dominio. Esto nos da la fe y la confianza que necesitamos, para hacer lo que estamos predestinados a hacer a favor de nuestras familias, lugares de trabajo y comunidades.

Este es el peligro: tenemos una opción. Podemos elegir forjar nuestro propio camino o confiar en Aquel que nos puso en el camino. Esto se aborda en Proverbios:

> *No seas sabio en tu propia opinión: Teme al SEÑOR y apártate del mal.*
>
> — Proverbios 3:7 (RVA-2015)

Cuando estudiamos esta Escritura, podemos ver que el rey Saúl no aceptó esta verdad. Decidió hacer lo que deseaba, en lugar de hacer lo que el Señor le había ordenado. Dejó de someterse a las instrucciones divinas y forjó su propio camino, apoyándose en su propio entendimiento. Un momento de orgullo y rebelión reposicionó el destino de Saúl y lo colocó en el camino de la destrucción.

En el libro de Samuel capítulo trece, Samuel le dijo a Saúl:

> *Has actuado torpemente. No guardaste el mandamiento que el SEÑOR tu Dios te dio. ¡Pues ahora el SEÑOR hubiera confirmado tu reino sobre Israel para siempre!* [14] *Pero ahora tu reino no será duradero. El SEÑOR se ha buscado un hombre según su corazón, a quien el SEÑOR ha designado como el soberano de su pueblo, porque tú no has guardado lo que el SEÑOR te mandó.*
>
> — 1 Samuel 13:13-14 (RVA-2015)

Nuestra sabiduría humana nunca estará a la altura. La forma en que deseamos hacer las cosas nunca cumplirá el deseo de Dios. Sus caminos siempre producirán el mayor resultado porque solo Él es Dios.

Saúl aprendió una gran lección ese día. Aprendió que apoyarse en su propio entendimiento, lo condujo por un camino muy diferente al que Dios deseaba para él. Aprender a amar a Dios y a conocerlo, creará deseo por Su sabiduría y Sus caminos. Por eso dice que lo amemos con todo nuestro corazón, con toda nuestra alma, con toda nuestra mente y con todas nuestras fuerzas (ver Marcos 12:30).

En esto, podemos hacer un intercambio divino. Cuando le damos todo nuestro corazón, alma, mente y fuerza, recibimos todo el corazón, la visión, la sabiduría y la fuerza de Dios. La visión de Dios es magistral y nos capacita para dominar las cosas difíciles. ¡Así es como vencemos!

Para ver nuestra salida, necesitamos ver a través de los ojos de Dios y Sus caminos. Esto requiere Su revelación, que puede significar ver las situaciones y circunstancias de manera diferente. Cuando nos humillamos y nos sometemos a Sus caminos, siempre veremos la salida porque estamos viendo desde Su perspectiva omnisciente. La humildad nos permite recibir Su verdad revelada y mantenernos firmes en ella, sin importar lo que enfrentemos. ¡Contra viento y marea, no seremos conmovidos!

Meditación para la Aplicación

Aparta de 15 a 30 minutos cada día para estar en comunión con Dios. Lee y medita cada día en uno de los pasajes de las Escrituras que se enumeran a continuación. Sigue los siguientes pasos.

1. Ve a un lugar tranquilo y sin distracciones.
2. Pon una canción de alabanza y escucha la letra.
3. Pídele a Dios que te revele Su corazón y Su significado mientras lees las Escrituras.
4. Escribe tus reflexiones en la parte inferior o en tu diario.
5. Lee las Escrituras diariamente para que recibas la máxima revelación.

Salmos 1:1-3 NVI
Génesis 3:7 RVA-2015
Filipenses 4:19 RVA-2015
Isaías 55:9 RVA-2015

Momentos de Reflexión

1. ¿Qué te resulta familiar en la forma en que te relacionas con Dios o ves tu rol en Su reino? ¿Cómo te impide eso ver más allá de las viejas formas de pensar?

2. ¿Qué mentira te ha dicho el enemigo que te hace dudar de que Dios es un buen padre y que piensa lo mejor de ti?

3. Busca al Señor para que te ayude a ver que Sus caminos son más altos y mejores que los tuyos. ¿Qué puedes

cambiar en tu perspectiva del mundo y de las personas en tu vida? ¿Cómo te impactará esto de forma positiva?

4. ¿Cómo puedes madurar en la fe para creer verdaderamente que Dios siempre proveerá todo lo que necesitas?

Capítulo 3
Recibe la Verdad y Mantente Firme

El centro de todo nuestro ser está establecido en la verdad del amor de Dios por nosotros, pero debemos estar de acuerdo con ella para verlo manifestado. Lo que somos no es lo que hacemos. Hay momentos en los que podemos creer las mentiras de los demás y comenzar a cuestionar quiénes somos, pero eso no cambia a la persona que Dios predestinó y creó. Echemos un vistazo a la historia de la creación para ver la profunda verdad del amor de Dios por nosotros.

> *En el principio Dios creó los cielos y la tierra.*
>
> — Génesis 1:1 (NTV)

En el principio, estaba Dios, el Dios que todo lo ve y todo lo sabe, el Dios todopoderoso, el Dios omnipresente, el que se cernía y se acercaba a la oscuridad y al caos de la existencia. El Amor mismo traía un nuevo orden a lo que no conocía el amor.

Una y otra vez, Él creó algo hermoso de la nada. Cuando pronunciaba el deseo de Su corazón, Su aliento se liberaba sobre ello, y de repente aparecía. Estaba allí, tal como Él lo había dicho. Miró toda su belleza y dijo: "Es bueno".

Y al sexto día, cuando Dios creó al hombre, se acercó a la tierra que había hecho y formó al hombre del polvo. ¡Él exhaló Su aliento en sus fosas nasales y el hombre cobró vida! Luego tomó una porción de Adán y creó a una mujer llamada Eva. En ese día miró a Su creación con gran gozo y entusiasmo y declaró a los cielos y a la tierra: "¡Esto es muy bueno!"

> *Porque en él fueron creadas todas las cosas que están en los cielos y en la tierra, visibles e invisibles, sean tronos, dominios, principados o autoridades. Todo fue creado por medio de él y para él. Él antecede a todas las cosas, y en él todas las cosas subsisten.*
>
> — Colosenses 1:16-17 RVA-2015

Dios escogió a Adán y a Eva como prototipo de toda la humanidad. Ellos eran los que Dios amaba, a los que toda la tierra vería como bendecidos y altamente favorecidos por Dios.

La serpiente desalentó esto por un momento al desafiar lo que Dios había creado en el huerto. Pero ahora, a través de la sangre de Cristo, se nos da la oportunidad de estar en el lugar de la verdad amorosa de Dios y recibir esa verdad para cada lugar quebrantado o abatido en nuestras vidas. La verdad absoluta del amor de Dios por nosotros ya está establecida sin consentimiento ni acuerdo, pero aun así debemos elegir estar de acuerdo con ella o no. Es inflexible, inquebrantable y completamente inmutable, de generación en generación.

Cuando la verdad se establece en nuestro corazón, la recibimos a través del conocimiento del amor de Dios. Nuestra alma está en pleno acuerdo con una fuerza o dinámica mayor que es inconmovible; estamos convencidos o persuadidos por lo que se ha comunicado a través de la palabra o la acción. Las ideologías, los hechos y las situaciones, no pueden hacer que una persona que se aferra a la verdad se desvíe porque reconoce que hay una dinámica superior en funcionamiento.

Su Palabra es la Verdad Sólida

> *Se deleitará en obedecer al Señor; No juzgará por las apariencias ni tomará decisiones basadas en rumores.*
>
> — Isaías 11:3 (NTV)

En la Biblia, Caleb y Josué no se guiaron por lo que vieron o escucharon. A diferencia de los otros espías que fueron enviados a espiar la tierra de Canaán, ellos fueron dirigidos por la verdad de su Dios, guardián del pacto. Él había hablado y prometido darles la tierra, y ellos lo creyeron. Todo lo que el Señor les había dicho fue confirmado. Su acuerdo con la verdad amorosa de Dios y su estricta obediencia causó que vencieran a los gigantes de la tierra. Estar de acuerdo con Dios produjo la fe que necesitaban para vencer cada dificultad que enfrentarían. Muchas veces no reconocemos que nos adherimos ignorantemente a creencias culturales y tradicionales, que socavan la verdad de nuestra identidad y destino profético. En verdad, somos seres poderosos y creativos que trabajamos con el Eterno para establecer Sus propósitos eternos.

Recientemente, estaba viendo un programa de juegos en el que se les hacía a los participantes una pregunta con tres respuestas de opción múltiple. El presentador hizo una pregunta y pidió que le dieran la respuesta correcta. La pregunta era: "Por salud y seguridad, ¿cuánto tiempo hay que esperar después de comer para volver a meterse en una piscina?" Las respuestas fueron: a) cuarenta y cinco minutos, b) treinta minutos y c) no tienes que esperar.

Los tres concursantes verbalizaron abiertamente su proceso de pensamiento y hablaron de cómo se inclinaban hacia la "b" porque sus padres les habían enseñado a esperar al menos treinta minutos antes de meterse en una piscina después de comer. También recordé que muchas personas en mi vida me habían dicho lo mismo. De alguna manera, sin embargo, sabía que la respuesta era "c": no tienes que esperar. Mientras esperaba escuchar la respuesta correcta, le dije a mi esposo: "Creo que a todos se nos ha inculcado un mito para vivir a lo largo de las generaciones, y todos nos adherimos a él como si fuera la verdad".

El presentador del concurso de juegos finalmente leyó la respuesta. Como me sospechaba, la respuesta era "c". Casi todos en mi casa fallaron. Yo era la única persona que pensaba que lo que tradicionalmente se nos había dicho no podía ser correcto. Todos los demás se mantuvieron firmes en lo que se les había enseñado.

A menudo, las personas hacen lo que se les ha dicho, simplemente porque les enseñaron a honrar y a respetar a la persona que se lo dijo. Sin embargo, no es necesariamente cierto solo porque provenga de una fuente honorable. La verdad de Dios y nuestra verdad son dos conceptos muy diferentes. La verdad de Dios no solo es real, sino también eterna.

Nuestra verdad se basa en sentimientos, lógica y hechos. La verdad de Dios se basa en el conocimiento de quién es Él, lo que incluye Su poder, Su sabiduría y pacto con la humanidad. Nuestra verdad es una forma muy diluida o distorsionada de Su verdad. Cuando diluimos las palabras del Dios Santo, también las contaminamos y producimos una verdad diferente. Cada vez que añadimos nuestra opinión, idea o perspectiva a la Palabra de

Dios, diluimos la grandeza de lo puro y santo, y obtenemos un resultado diferente del que Dios pretendía. Esta dilución crea una mezcla, distorsión y compromiso en nuestros hogares, relaciones y en la sociedad en general.

> *"Sin embargo, la verdad de Dios se mantiene firme como una piedra de cimiento con la siguiente inscripción: "El Señor conoce a los que son suyos," y "Todos los que pertenecen al Señor deben apartarse de la maldad".*
>
> — 2 Timoteo 2:19 (NTV)

> "Cualquiera, pues, que me oye estas palabras y las hace, será semejante a un hombre prudente que edificó su casa sobre la peña. Y cayó la lluvia, vinieron torrentes, soplaron vientos y golpearon contra aquella casa. Pero no se derrumbó, porque se había fundado sobre la peña. "Pero todo el que me oye estas palabras y no las hace, será semejante a un hombre insensato que edificó su casa sobre la arena.
>
> — Mateo 7:24-26 (RVA-2015)

Cuando recibimos o aceptamos una versión inferior de la verdad porque nos mantiene cómodos o seguros, perdemos el poder y el propósito de Dios. Nos gusta escuchar cosas que nos hagan sentir bien con nosotros mismos y que no necesariamente nos irritan. No estamos interesados en escuchar esas palabras verdaderas que nos molestan, arruinan nuestro día o lastiman nuestro ego. Pero esas palabras son tan importantes como las palabras de aliento. Nos permiten corregir rápidamente el rumbo cada vez que nos desviamos del camino del destino y la promesa.

La verdad de Dios nos infunde continuamente poder para vencer cualquier cosa que podamos enfrentar. Una vez más, puede que no siempre le resulte agradable a nuestra carne, pero continuamente nos libera para movernos a un lugar mejor. Sus palabras nos rescatan de algunos de los peores errores que pudiéramos cometer y decisiones pudiéramos tomar, al mismo tiempo que nos estabilizan y establecen una nueva base para que prosperemos. Entonces podremos evolucionar, madurar y ver lo que necesitamos para vivir una vida feliz, bendecida y plena.

La Verdad Buena, Mala y Fea

Hace unos años, estaba en el coche haciendo recados, preparándome para ir a un viaje ministerial a Tennessee. Era un día normal lleno de actividades normales, pero Dios decidió que era un buen momento para interrumpir abruptamente mi sentido de normalidad.

Mientras conducía, escuché al Señor decir: "Robyn, nunca es Mi voluntad que camines a ciegas. No quiero que seas ignorante. Debes comenzar a desear la plenitud de la verdad y permitirte soportarla. Mi deseo es mostrarte lo bueno, lo malo y lo feo, para que Mi Iglesia salga victoriosa. Debes observar y orar mientras revelo la verdad."

Sentí que el Señor me estaba diciendo lo mismo que el personaje de Jack Nicholson, el coronel Jessup, le gritaba a Tom Cruise en la película de 1992 "Algunos Hombres Buenos" cuando exclamó: "¡No puedes manejar la verdad!" Lo que el Señor dijo me perturbó mucho porque he vivido la mayor parte de mi vida cristiana con un fuerte deseo de ser una con el Señor en todas las cosas. De repente, parecía que había una separación, casi como si estuviéramos en dos lugares totalmente distintos.

Me había encontrado cara a cara con la verdad, la verdad de que tenía una forma de piedad, una representación falsa que limitaba completamente a Dios de hacer más de lo que yo podía pedir o pensar.

Sabía que tenía que cambiar. Sabía que tenía que volverme más flexible en mi percepción y sistema de creencias. Después de todo, las únicas obstrucciones apuntaban directamente hacia mí. Mis propios pensamientos, ideas y sistemas de creencias habían sido moldeados por estructuras mundanas que tuve que superar. Deseaba desesperadamente que supiera que podía compartir libremente Su corazón conmigo. Quería conocer sus secretos y deseos más profundos. Así que elegí ver. Ejercí mi voluntad y elegí verlo todo, incluso aquellas cosas que no quería ver.

Comencé a permitir que Dios me estirara y derribara todo tipo de ideologías falsas e imaginaciones vanas. Le permití que me mostrara lo bueno, lo malo y lo feo como Él deseaba. Reveló a los ángeles y a los demonios, lo fragante y lo podrido, la verdad y la mentira. Me despertó con sueños inimaginables que me llevaron a orar durante horas. No era "el dulce de una vez por todas". De hecho, el dulce adiós se había ido rápidamente.

Dios me revelaba cada día más y más verdades. Nunca me pregunté por qué; simplemente oraba. Sabía que Él me lo estaba revelando para que yo pudiera invocarlo para que se involucrara. Mi función principal era invocar el poder y la presencia de Dios sin importar cuán buena, mala o fea pareciera la situación. Su cometido era traer redención, justicia y restauración. Estoy tan agradecida de haber dejado de caminar a ciegas el tiempo suficiente para ver a Dios glorificado de formas mayores. Aprendí que puedo manejar la verdad cuando permito que Él obre en mí.

La verdad tiene un peso. A menudo, tendemos a diluir o suavizar la verdad de un asunto porque no nos gusta sentir el peso de una situación difícil. Seamos realistas, las pesas de cinco o diez libras son mucho más fáciles de transportar que las pesas de cincuenta o de cien libras. Puedo hacer más repeticiones, mantener mi energía, hacer ejercicio por más tiempo y sentirme como la mujer maravilla si solo estoy usando pesas de diez libras. Sin embargo, si intento hacer las mismas rutinas con pesas de cien libras, casi puedo garantizar que no será agradable para mí.

Así es como la mayoría de nosotros lidiamos con la verdad en la vida. Tendemos a ocuparnos de asuntos importantes sólo lo suficiente para para aliviar la carga o el peso, sin llegar nunca a la raíz o a la verdad del asunto. Aun así, Dios es fiel en permitir que la verdad continúe saliendo a la superficie, para que Él pueda sanar cada área de nuestras vidas, lo que nos lleva a la libertad divina. Su búsqueda inquebrantable siempre está justificada por un deseo puro de ver a sus hijos triunfar sobre su enemigo.

El Camino, la Verdad y la Vida

Veamos a uno de los seguidores más fieles de Jesús, antes conocido como Simón. Simón comenzó como pescador, pero rápidamente llegó a convertirse en uno de los líderes más influyentes de la Iglesia del Nuevo Testamento. Fue uno de los discípulos más devotos y amigos más cercanos de Jesús. Caminó con tremenda autoridad y poder, y realizó grandes milagros, pero también tuvo que ser liberado de su mente carnal y de su vieja identidad. Caminar con el Mesías hizo que se enfrentara a la verdad de quién era, quién no era y quién estaba destinado a ser.

En Mateo 16, Simón recibió la revelación divina de su Padre celestial de que Jesús era verdaderamente el Mesías, el Hijo del Dios Viviente. Era lo suficientemente espiritual como para reconocer a Cristo y entender la voluntad de Dios. Jesús afirmó a Simón, en compañía de todos los demás discípulos, por decir tal verdad. Luego le reveló su verdadera identidad y destino profético, al tiempo que le dio una medida ilimitada de poder y autoridad para demostrar el reino de los cielos a voluntad. A partir de ese momento, se le conoció como Pedro.

Pedro era fiel, pero muy presuntuoso. Era ferviente, pero impulsivo. Y aunque era espiritual, también era muy carnal. Se encontraba humillado y abatido a causa de sus tendencias naturales. La única manera de vencer esos impulsos y reacciones carnales era que Jesús le revelara la verdad.

Y conocerán la verdad, y la verdad los hará libres.

— Juan 8:32 (NTV)

Mateo 16:23 proporciona una imagen diferente de Pedro. No mucho después de que Jesús elogiara públicamente a Pedro por recibir la revelación divina del Mesías, se volvió y reprendió a Satanás por hablar a través de Pedro. Jesús aprovechó este mismo momento para hablar algo de verdad a sus discípulos, para que obtuvieran entendimiento acerca de su llamado.

Entonces él volviéndose, le dijo a Pedro: ¡Quítate de delante de mí, Satanás! Me eres tropiezo porque no piensas en las cosas de Dios, sino en las de los hombres.

— Mateo 16:23 (RVA-2015)

Esencialmente, lo que el Señor estaba diciendo era: "Si alguno de ustedes me quiere seguir, debe abandonar su propio camino, tomar su cruz y seguirme". Les estaba haciendo saber que su camino daría acceso a Satanás. Esto les haría desviarse del camino de Dios y produciría una gran piedra de tropiezo para los propósitos divinos de Dios Padre.

Una y otra vez, Jesús tuvo que declarar la verdad a Pedro para que pudiera ser iluminado y liberado de sus ataduras personales y mentalidades equivocadas. Jesús reveló a Pedro que lo traicionaría tres veces. Pedro asumió erróneamente que estaría dispuesto a seguirle fielmente a cualquier lugar. No se dio cuenta de que su corazón estaba lleno de orgullo y arrogancia, hasta que traicionó a Jesús tres veces, tal como el Señor le había dicho.

A lo largo de su trayectoria como discípulo, Pedro fue continuamente liberado de creencias y actitudes erróneas. Aunque no siempre viera las cosas con precisión, permitió que la verdad se asentara en su corazón y le hiciera libre. Aceptaba humildemente las palabras de su maestro y rápidamente se arrepentía de sus caminos equivocados y de sus propensiones carnales. Estas pruebas y tribulaciones produjeron una nueva identidad en Pedro. Recibió una tremenda cantidad de revelación que llevó a otros a un conocimiento más profundo de Cristo durante generaciones. Aprendió a caminar con humildad y sabiduría que serían fundamentales para equipar a la Iglesia.

No creo que haya sido una coincidencia que Pedro recibiera la oportunidad de caminar sobre el agua cuando mostró su deseo de salir de la barca. Tenía la fe y el valor, pero necesitaba la verdad para mantenerse firme cuando comenzaron los vientos y las olas. El nombre de Pedro significa Roca. Dios quería que Pedro se volviera firme e inamovible. E incluso creo que, el anhelo del Señor ahora es tener un pueblo que esté tan asido a Él que, los vientos y las olas que se arremolinan en el mundo de hoy no los detengan. ¡Sus vidas estarán basadas únicamente en la verdad de Dios, y las puertas del infierno no prevalecerán!

Dondequiera que nos dirijamos en esta nueva era, necesitaremos una gran fe, pero debemos mantenernos firmes en la verdad de la Palabra de Dios y vivir de acuerdo con ella para ser completamente inquebrantables. Al igual que Pedro, Dios revelará quiénes somos realmente. Esta nueva identidad solo será establecida por la verdad de Dios. Es más grande que cualquier cosa que hayamos imaginado sobre nosotros mismos. Es personal, es íntima y es verdadera.

Jesús es el camino, la verdad y la vida. Debemos andar en Sus caminos, recibir Su verdad y seguirlo a una nueva vida. Su verdad es donde permanecemos. Su verdad es donde estamos. Su verdad está donde permanecemos.

En un momento determinado, el Señor me permitió caminar a través de una de las circunstancias más difíciles que he enfrentado. Te pido que leas este testimonio con un corazón abierto, un corazón sin juicios, críticas o análisis. Guarda tu vara de medir y permite que Dios te revele qué es lo que necesitas recibir en tu corazón a través de este testimonio.

Un Día de Octubre que Cambió Mi Perspectiva

Comenzaré compartiendo que escucho la voz de Dios cuando Él me habla. Sé quién es Él y cómo me habla. He escuchado Su voz desde el momento en que entré en relación con Él a mediados de la década de 1990. Cuando me habla, me siento obligada a escuchar y a obedecer. Sus palabras tienen un gran peso en mi vida, porque Él me ha demostrado repetidamente que Sus promesas son verdaderas.

En este día normal de octubre de 2014, estaba conduciendo mi coche con mis dos hijos menores en el asiento trasero. Tal como lo habíamos hecho todos los días, nos dirigíamos a recoger a su hermano mayor, que estaba en la escuela secundaria en ese momento. Ese día escuché al Señor decir: "Detente y abróchate el cinturón de seguridad, y asegúrate de que los niños tienen los cinturones bien abrochados. Así que me detuve frente a un banco e hice exactamente eso. Justo después de eso, mis hijos me suplicaron que les comprara bebidas heladas "Slurpee". Le dije: "¡Claro!" Así que compramos las bebidas y rápidamente volvimos a la carretera.

Ahora ya iba con un poco de retraso. De lo que no me percaté en ese momento fue de que me había apresurado a volver al vehículo sin abrocharme el cinturón. Dos minutos más tarde, un vehículo colisionó con el mío y salí expulsada del vehículo. Los testigos me dijeron que el coche dio tres vueltas de campana y había quedado completamente destrozado. Sin embargo, mis hijos estaban tranquilos y salieron caminando sin un solo rasguño.

Me desperté en el hospital al día siguiente preguntándome por qué tenía una escayola enorme que me cubría desde la rodilla hasta la planta del pie, y por la grave erupción cutánea en toda la espalda. Por extraño que parezca, no recordaba mucho sobre el accidente porque todo parecía borroso. Sabía que había tenido un accidente de coche, pero no recordaba mucho más. Me habían operado de urgencia para reparar el tobillo que se había roto en diez lugares, lo que explicaba la enorme escayola.

Después de que me dieron de alta, me pusieron en reposo durante seis semanas para que no anduviera mientras el tobillo sanaba. Luego debía valientemente prepararme para volver a caminar. Sabía que el camino por delante no iba a ser fácil, ni mucho menos. Tenía que ser valiente y enfrentarme a lo que fuese necesario para poder volver a caminar. Estaba decidida a superar ese dolor insoportable para llegar a un lugar de plenitud.

Mientras luchaba con la inestabilidad emocional y mental de esta situación, tenía que estar dispuesta a aprender si quería ser sanada completamente. Hay que considerar que había estado postrada en cama durante casi dos meses. Así que antes de que pudiera pensar en caminar, tuve que aprender a ponerme de pie. Aunque me dolía muchísimo, tuve que sobreponerme al dolor, para poder comenzar a ejercer presión sobre mi tobillo y ponerme de pie por mí misma. Entonces pude comenzar mis sesiones de fisioterapia.

Cuando comencé la fisioterapia, me di cuenta de que esto no iba a ser fácil y de ninguna manera agradable. Tuve que aprender cosas nuevas, depender más de la gente y lidiar con el dolor en lugar de escapar de él. Esto me llevó más allá de todos los límites. Honestamente, sentí que la fisioterapia me hacía parecer una tonta debido a los movimientos extremadamente dolorosos y exagerados que tenía que hacer. Así que decidí caminar de la manera en la que me sentía cómoda.

Un día, el fisioterapeuta me dijo: "Déjame ser honesto contigo. Te estás haciendo daño a ti misma al hacerlo así. La forma en que intentas caminar no te ayudará a sanar adecuadamente o progresar, porque estás poniendo tu peso en una dirección. Te estás entrenando para caminar incorrectamente". Dios añadió, "Robyn, tienes que humillarte y recibir instrucción para caminar en Mi llamado para tu vida. Nunca has estado así antes, y aún no sabes cómo caminar". Esto cambió mi forma de pensar, y comencé a hacer lo que tenía que hacer para caminar en sabiduría hacia un futuro mejor.

Un Nuevo Camino de Victoria

Cuando el fisioterapeuta me dijo esas fuertes palabras de corrección, las recibí. Sabía que me estaba dando algo en lo que apoyarme. No me estaba diciendo lo que yo quería oír, y seguramente no estaba de acuerdo con mi forma de verlo. Era la verdad que necesitaba escuchar en ese momento, para que no solo pudiera pararme, sino también dar un paso en el camino correcto hacia mi futuro. Cuando cambié mi perspectiva, pude hacer el trabajo interno necesario para caminar físicamente hacia la victoria y superar mis obstáculos mentales y emocionales. Me transformó por completo.

Debemos recibir la verdad de Dios para caminar en fe y establecer nuevas victorias en nuestras vidas. Es posible que no seamos capaces de ver en el ámbito natural los resultados de hacer lo que Él nos indica que hagamos, incluso si es doloroso. Sin embargo, debemos tener fe para saber que Él nos está guiando para hacer lo que más nos beneficie a largo plazo.

Dios quiere lo mismo para cada uno de nosotros. Para llegar a ser imparables e inquebrantables, debemos abrazar la verdad de Dios y de aquellos que Él envía para ayudarnos a ser íntegros. No podemos vivir de acuerdo con nuestros sentimientos y pensar que estamos haciendo la voluntad de Dios. Eso es engaño. Nuestros sentimientos nos engañarán y comenzarán a dictar cada uno de nuestros movimientos. No podemos permitirlo.

Cuando nos movemos de acuerdo con nuestros sentimientos y tomamos decisiones de acuerdo con ellos, no estamos siguiendo la dirección del Espíritu Santo. El Espíritu de Dios, que es el Espíritu de la Verdad, hace que venzamos nuestros sentimientos y veamos el camino a seguir. Ese es el objetivo.

"Yo soy el camino, la verdad y la vida —contestó Jesús—. Nadie llega al Padre sino por mí. ".

— Juan 14:6 (NVI)

Eso es lo que queremos. Queremos avanzar con éxito y en victoria, permaneciendo en el centro de la voluntad de Dios. Cuando encontramos a Jesús, encontramos esa roca fuerte e inamovible que necesitamos para pararnos con valentía y tomar nuestro lugar en el ámbito terrenal. El reino inquebrantable de Dios comienza a manifestarse en nosotros, a través de nosotros y a nuestro alrededor.

"Por tanto, tomen toda la armadura de Dios, para que puedan resistir en el día malo, y habiéndolo hecho todo, estar firmes. Estén, pues, firmes, ceñida su cintura con la verdad, revestidos con la coraza de la justicia".

— Efesios 6:13-14 (NBLA)

Fíjate en esas palabras. "¡Tomen toda la armadura de Dios!" Selah.

Meditación para la aplicación

Aparta de 15 a 30 minutos cada día para estar en comunión con Dios. Lee cada día y medita en uno de los pasajes de las Escrituras que se enumeran a continuación. Sigue estos pasos.

1. Ve a un lugar tranquilo y sin distracciones.
2. Pon una canción de alabanza y escucha las palabras.
3. Pídele a Dios que te revele Su corazón y Su significado mientras lees las Escrituras.
4. Escribe tus reflexiones en la parte inferior o en tu diario.
5. Lee las Escrituras diariamente para que recibas la máxima revelación.

Colosenses 1:16-17 (RVA-2015)
2 Timoteo 2:19 (NTV)
Efesios 6:13-14 (NVI)

Momentos de reflexión

1. ¿Hay algún área de la vida en la que te resulte difícil enfrentarte a la verdad? ¿Por qué? Recuerda, nada es demasiado difícil para Dios.

2. Escribe lo bueno, lo malo y lo feo de esa verdad. Después entrégaselo al Señor y pídele la fuerza para afrontarlo.

Capítulo 4
Desenmascarando el Engaño del Temor

La forma en que nos mantenemos firmes en esta vida, determina en última instancia, el rumbo que tomaremos en el futuro. Aunque sabemos que mantenernos firmes en la verdad y vivir de acuerdo con la verdad de Dios enriquece nuestras vidas, el engaño del temor puede bloquearlo. Nuestros principios, creencias, acciones y, sí, incluso nuestros temores, son factores determinantes sobre cómo decidimos mantenernos firmes en nuestras vidas.

El temor trabaja en nuestra contra y debilita nuestra posición. El temor nos hace cuestionar la verdad en la que creemos y nos obliga a movernos en una dirección diferente, alejándonos del plan de Dios. Debemos desenmascarar el engaño del temor, porque el temor engaña a la mente y hace que surja una creencia diferente. A veces estamos de acuerdo con nuestros temores, lo que engendra engaño, y el engaño altera nuestras creencias. Esto se vuelve muy peligroso porque somos lo que creemos.

"Pues como piensa dentro de sí, así es él".

— Proverbios 23:7 (NBLA)

Vamos a adquirir entendimiento acerca de estos sistemas de creencias distorsionados que nos detienen, o nos dan una visión equivocada de quiénes realmente somos. En este momento, muchos de nosotros sufrimos con creencias erróneas sobre nosotros mismos. Necesitamos identificar lo que nos paraliza o nos impide tener éxito y avanzar.

¿Qué voz te habla y te dice que no puedes o no harás algo? ¿Qué te hace ver algo que solo aparece cuando tus niveles de comodidad y seguridad se ven desafiados? ¿Estás tan ciegamente dedicado a tu sistema de creencias que no puedes darte cuenta de que es eso mismo lo que te está paralizando?

La preocupación, la desconfianza y la ansiedad pueden agitar nuestras emociones, presentando así una narrativa falsa y una realidad distorsionada de la voluntad de Dios para nuestras vidas. A veces escucho a la gente decir: "Creo que Dios quiere que tenga esto, así que voy a ir tras ello", o "Creo que Dios quiere que haga esto, así que lo voy a hacer". Hacen suposiciones falsas acerca de lo que Dios quiere para ellos, porque inconscientemente están pacificando los temores que están arraigados en sus corazones.

Por ejemplo, si Dios te prometió que un día tendrías una viña que no plantaste y una casa que no construiste, ¿significa eso que deberías mudarte al Valle de Napa, California; porque la región es conocida por sus hermosas casas y hermosos viñedos? ¿Y si Él te envía a Texas? ¿Vas a estar de acuerdo con eso? Las expectativas y creencias erróneas pueden hacer que creamos o permanezcamos en ciclos de disfunción. Temiendo no conseguir lo que queremos, creamos la narrativa que es más propicia para nuestros propios deseos.

Las palabras proféticas también pueden ser pervertidas por los temores subyacentes en el alma de una persona, causando una interpretación torcida. Como resultado, lo que dice el que habla y lo que escucha el oyente pueden ser dos declaraciones muy diferentes. Es posible desviarse completamente del camino si nos aferramos demasiado a las promesas de Dios. La fe inquebrantable puede convertirse fácilmente en preocupación y temor cuando permitimos que la profecía se convierta en la fuerza motriz de nuestra vida. Debemos seguir a Aquel que cumple las Promesas y no a la promesa.

> *"Y la esperanza no desilusiona, porque el amor de Dios ha sido derramado en nuestros corazones por medio del Espíritu Santo que nos fue dado".*
>
> — Romanos 5:5 (NBLA)

La esperanza diferida se apodera de nosotros cuando comenzamos a perseguir promesas en lugar del Cumplidor de las promesas. Nuestras expectativas equivocadas y temerosas pueden llevarnos a la desesperanza y a la decepción, pero no la esperanza en Dios. Personalmente, no sufro con el tema de la esperanza diferida porque continúo siguiendo a Aquel que es mi Esperanza Viva. Él es la esperanza viva y eterna que nunca nos defrauda.

La presencia de Dios es nuestro plan y es un plan seguro. Cuando escuchamos la voz que dice que debemos construir un fondo de reserva o que debemos tener un plan B y C, negamos el poder del amor de Dios y Su provisión para nosotros. Debemos derrotar la voz del "qué pasaría si". No podemos elaborar estrategias, calcular o prepararnos más que Dios. El temor nos hará creer que podemos hacer más que Dios, y esto nos llevará rápidamente al error. Eso es lo que llamamos engaño. Si creemos por un momento que nuestra capacidad iguala o supera la capacidad de Dios para suplir nuestra necesidad o crear el camino del avance, entonces estamos siendo engañados por nuestros propios pensamientos. Esto hará que reaccionemos con temor en lugar de actuar con fe.

Dios es suficiente. Su fuerza se perfecciona cuando estamos en nuestro punto más débil. Él se convertirá en nuestro camino de avance y la respuesta a cada problema. Él es la verdad absoluta y la solución definitiva a todo lugar de temor, inquietud e incertidumbre que se presente. Debemos decirnos a nosotros mismos esta verdad y mantenernos firmes en ella: "Él es lo suficientemente poderoso como para establecer cada detalle de toda mi vida y librarme de toda dificultad".

He aquí un ejemplo. Mi mamá y mi papá eran dos personas muy diferentes, tan diferentes que era como si una fuera la noche y el otro el día. Aunque se separaron legalmente durante mis primeros años, tuvieron mucho éxito en darme una increíble base de amor y fe mientras crecía, de lo que ciertamente no me di cuenta en ese momento.

Cuando me enfrentaba a algo desconocido, incómodo o simplemente aterrador, mi padre siempre me empujaba hacia mis temores en lugar de rescatarme de ellos. Me decía: "Hazlo. ¡Adelante, Robyn! Tú puedes hacerlo".

Debemos entender que mi papá estaba diciendo eso desde un lugar de fe y de amor, e incluso de experiencia. Continuaba diciendo: "No voy a dejar que te caigas o te hagas daño, así que hazlo. Hazlo, mi niña". En consecuencia, esto no dejaba lugar para el temor en absoluto. Cuando papá dijo: "Hazlo", ¡lo hice! Si había algún tipo de temor, me adaptaba rápidamente porque papá no estaba bromeando. Era de voz suave pero firme. Tuve que vencer rápidamente mis temores con estricta obediencia; no tenía más remedio que obedecer. Así es claramente como debemos responder a cualquier circunstancia desafiante, mientras escuchamos las palabras de nuestro Padre celestial resonando en nuestros corazones.

Encontramos otro ejemplo en los evangelios del Nuevo Testamento. Jesús dijo a los discípulos: "Vayan y sanen a los enfermos". Lo hicieron inmediatamente porque tenían plena fe de que Jesús los amaba. Una vez más, el temor no tenía cabida en ellos. Sabían que Él nunca les mentiría ni los haría fracasar o caer. No había mentira ni engaño dentro de Él ni en las palabras que hablaba. Sus motivos eran puros, y sus expectativas eran buenas. Su amor perfecto desplazó toda área de temor y los capacitó para convertirse en hombres poderosos de Dios.

Esta es la verdad. Muchos de nosotros tendemos a aceptar la disfunción, el desorden, el compromiso o una porción menor de la vida debido a nuestro temor. Nuestros sistemas mundanos nos han enseñado que esta forma de vida baja es normal. Nuestros sistemas religiosos, educativos y gubernamentales nos han enseñado que, si solo cumplimos, no tenemos necesidad de fe en la verdad de la Palabra de Dios ni en Su fidelidad. Solo tenemos que hacer lo que nos dicen.

El problema con esta forma de vida degradada es que, si la seguimos, nunca experimentaremos la grandeza del plan de Dios. Siempre debemos recordar que Dios nos guía a cada bendición y promesa por fe. Debemos tener fe para someternos, o fe para confiar, o incluso, fe para obedecer las instrucciones del Señor. De hecho, cuando tenemos temor, nuestros actos de fe son los que nos hacen avanzar y romper con los hábitos de temor. El temor nos limitará y hará que vivamos habitualmente con una falsa sensación de paz, comodidad y seguridad.

Este estilo de vida de ansiedad, limitada y basada en el temor puede afectar el establecimiento de metas, las aspiraciones, el matrimonio, la crianza de los hijos, la tutoría o el ministerio. Nos mantendrá encerrados. Operaremos con la misma medida de capacidad que siempre hemos tenido, con la misma mentalidad para la misma función o propósito. No da lugar para el crecimiento, el aumento o la multiplicación.

Recientemente, unos queridos amigos míos fueron a otro país en un viaje ministerial. Antes de que se fueran, estábamos orando por nuestra hija espiritual que era parte del equipo que iba a este viaje. Me sentí obligada por el Espíritu Santo a decirle: "No limites a Dios. Dios no es apostólico o profético; ¡Él es mucho más que eso! Nosotros necesitamos esas etiquetas, palabras o frases para identificar varios aspectos de lo que Él está haciendo en medio de nosotros de acuerdo con nuestra minúscula percepción, no con la de Él". Le dije: "No límites a Dios. Permítele obrar a Su manera. Hemos visto a Dios hacer tantos milagros en viajes ministeriales porque no lo limitamos en la forma en que puede moverse. Dejamos que se mueva como Él quiera moverse. No tiene que ser profético ni apostólico. Él puede hacer lo que quiera".

Cuando regresó del viaje, nos dio un informe muy bueno. Ella dijo que había quedado impresionada. Ella enfermó durante el viaje y no había podido rendir dentro de su capacidad habitual de ministerio como una poderosa y talentosa líder de adoración. Esto la obligó a hacer espacio para Dios. Tuvo que hacer algo nuevo cuando pasó a un segundo plano para fluir con su equipo de adoración. Al mismo tiempo, esto hizo que todos los demás miembros del equipo abandonaran lo familiar y entraran en un nuevo lugar. Esto también significaba que Dios podía hacer lo que quisiera. Terminó creando la atmósfera para los milagros. ¡Las personas fueron sanadas, liberadas y realineadas con Dios! Una nueva temporada se abrió para muchos porque se les quitó la seguridad de lo familiar.

Podemos experimentar los mismos avances si dejamos de limitar a Dios. Si simplemente caminamos por fe y no por vista, sentimientos o "¿qué pasaría si...?"; entonces veremos que las promesas de Dios comenzarán a desarrollarse en nuestro propio camino. El temor es una mentira que produce inestabilidad, inseguridad y narrativas desesperanzadoras. Realmente es mentira. Si vamos a superar las cosas que nos debilitan, debemos reconocer lo que es desde la raíz. Debemos identificar lo que nos está robando y oponiéndose a nosotros para poder detenerlo y desmantelarlo. Así es como recuperamos lo que nos pertenece y nos convertimos en lo que estamos destinados a ser. La verdad y el amor prevalecen cuando el temor es expuesto, derribado y cortado.

Firmes en la Verdad

Ver la verdad y conocer la verdad son dos cosas muy diferentes. Por ejemplo, podemos pasar diariamente por un paquete que ha estado en la puerta de nuestra casa durante meses sin reconocer que nos pertenece. Si no nos agachamos para verlo más de cerca y reconocer que tiene nuestro nombre escrito, lo más probable es que no nos acerquemos a él, no lo aceptemos ni lo utilicemos. En última instancia, perderemos todos los beneficios de poseer lo que haya dentro de ese paquete.

Un dicho familiar que muchos utilizan es "Quien más sabe, mejor hace". Pero no siempre es así. Muchas veces sabemos más, pero elegimos hacerlo de manera diferente. En otras palabras, podemos conocer la verdad, pero nunca aceptarla ni estar de acuerdo con ella. Por ejemplo, teóricamente puedo saber que el ejercicio físico es bueno para mi cuerpo, pero eso no significa que haga ejercicio como debería.

Cuando vemos la verdad, obtenemos comprensión y reconocemos una realidad mayor. Cuando estamos de acuerdo con esa verdad, entramos en acción. Es sólo mediante el acuerdo y la acción que lo acompaña que manifestaremos esa verdad. El verdadero acuerdo nos permite abrazar y acceder a todo lo que se está revelando.

La Mentira

El temor es lo único que nos impedirá mantenernos firmes en la verdad de Dios, o dar el siguiente paso hacia el plan de Dios. Cuando tenemos temor nos hace sentir débiles, desesperanzados, indefensos e incapaces, perdiendo la autoridad y el poder que Dios nos ha dado.

El temor es uno de nuestros peores enemigos, y Satanás lo usa como una de sus mayores armas contra la humanidad. Altera, debilita y profana todas las áreas de nuestra vida cuando permitimos tener acceso. Cambia nuestra identidad, relaciones y percepción, haciéndonos vivir a la sombra de los demás.

El temor es un dictador severo porque controla y manipula cada parte de nuestra vida. Establece el orden y las reglas de cómo operamos dentro de su confinamiento. Nos dice lo que podemos y no podemos hacer. El temor nunca toma en consideración nuestro potencial, capacidades, talentos o dones, y ciertamente no considera el hecho de que Dios ya nos ha creado y elegido para un propósito específico. El temor nos hace evitar lo que pudiera suceder en el futuro. Eso es lo opuesto a lo que Dios quiere para nosotros.

El temor conduce a la inseguridad, lo que abre la puerta a diversas reacciones emocionales, entre ellas los celos, la envidia, la ira, la competencia y las comparaciones insanas. Cuando nos sentimos inseguros, nos percibimos inadecuados e inseguros de quiénes somos y de lo que podemos lograr. Si no cortamos la raíz del temor, viviremos una vida impulsada por uno o más de esos sentimientos negativos.

La negatividad no resuelta se convierte en malos hábitos, y los malos hábitos se convierten en ciclos dolorosamente insanos. Por ejemplo, el temor al rechazo puede hacer que las personas se rebelen, y la rebelión puede resultar en control y manipulación. Este ciclo destructivo de rechazo-rebelión-control, no puede ser superado hasta que se confronte el rechazo.

Por ejemplo, podemos mirar a alguien y determinar en nuestro interior que no podemos confiar en esa persona porque puede convertirse en una amenaza, o en algún tipo de problema para nosotros. Así que concluimos rápidamente que no son parte de nuestra tribu o círculo, y comenzamos a distanciarnos de esa persona. En casos como este, recuerda que el punto de origen comienza con nosotros. Comenzamos a escuchar los temores de nuestro propio corazón, no la maldad del suyo. Nuestras emociones toman el control y llegamos a una conclusión falsa basada en la conversación que tuvimos en nuestra cabeza.

No es así como expresamos amor a los que no conocemos. El distanciamiento viene de una persona que está rota e impulsada por la raíz del temor. Recuerda, no hay temor en el amor. ¡El amor echa fuera el temor! El amor invita a las personas (y a todo su bagaje) a un espacio para que podamos conocerlas de verdad. Esto nos permite tener un relato preciso en lugar de prejuzgarlos.

> *"En el amor no hay temor sino que el perfecto amor echa fuera el temor. Porque el temor conlleva castigo, y el que teme no ha sido perfeccionado en el amor".*
>
> — 1 Juan 4:18 (RVA-2015)

Veamos algunos temores comunes que crean percepciones inexactas y hábitos disfuncionales. Esto nos ayudará a comprender mejor las luchas internas a las que nos enfrentamos regularmente y a liberarnos de las garras del temor.

Tipos de Temor
Rechazo

El temor al rechazo hace que entremos en ciclos de autodefensa, orgullo y rebelión. Como resultado, construimos un muro emocional de defensa que es disfuncional y crea confusión y caos innecesarios para quienes nos rodean. Usamos el control, la manipulación y el engaño para defendernos. Estos ciclos no se romperán hasta que el rechazo sea reconocido y tratado con amor y verdad.

Hombre

Cuando sufrimos por el temor al hombre, tememos lo que otras personas puedan pensar o cómo puedan responder. La opinión de un hombre o una mujer se exalta más de lo que debería ser, y causa un temor a las respuestas o reacciones de los demás. Esto puede conducir a la falta de identidad, a relaciones equivocadas y a una lealtad dividida.

Fracaso

Experimentamos temor al fracaso cuando nos enfrentamos a un desafío que tiene el potencial de afectar negativamente el futuro. En lugar de avanzar de una manera razonable, podemos dejar pasar oportunidades para crecer y prosperar.

Éxito

Cuando tememos el éxito, sentimos ansiedad o nerviosismo en el momento en que captamos o logramos algo nuevo. Inmediatamente nos ponemos nerviosos por la responsabilidad de asegurarnos de mantener el éxito. La sola idea de tener que sostener lo que se ha alcanzado con éxito comienza a atormentar nuestra mente.

Nuestro Temor Más Profundo

Marianne Williamson escribió un libro llamado *Volver al Amor* y un extracto del libro se ha hecho famoso. El pasaje no es una pieza típica y romántica que nos sitúa en bellos paisajes con palabras elegantes, mientras se escucha el violín imaginario sonando en el fondo. Por el contrario, la cita es cercana, personal y reveladora. Provoca sentimientos íntimos e incómodos. Encarna la verdad, la exposición, la vulnerabilidad, la fuerza, la exhortación y la iluminación, todo al mismo tiempo. Es profundo.

"...lo que más miedo nos da no es ser incapaces. Lo que más miedo nos da es ser poderosos más allá de toda medida. Es nuestra luz, no nuestra oscuridad, lo que más nos asusta". «¿Quién soy yo para ser una persona brillante, hermosa, dotada, fabulosa?» En realidad, ¿quién eres para no serlo? Eres un hijo de Dios, y si juegas a empequeñecerte, con eso no sirves al mundo. Encogerte para que los que te rodean no se sientan inseguros no tiene nada de iluminado. Todos estamos hechos para brillar, como brillan los niños. Nacimos para poner de manifiesto la gloria de Dios que está dentro de nosotros. No sólo en algunos, sino en todos nosotros. Y si dejamos brillar nuestra propia luz, inconscientemente daremos permiso a los demás para hacer lo mismo. Al liberarnos de nuestro propio miedo, nuestra presencia automáticamente liberará a los demás."

Derrota el Temor

Si las voces del temor, la inseguridad, el rechazo, la intimidación o cualquier otro espíritu de autodestrucción que nos atormentan, declara: "¡Mi Padre me ha escogido y aceptado! ¡Mi Padre me ama! Él está trabajando en los detalles de mi vida para mi bien. ¡Veré como Su gran poder liberador disipará todos mis temores!"

Ahora decreto sobre ti: ¡Tu tiempo de levantarte es ahora! Busca al Señor y pídele que te lleve más allá de tu morada actual. Tu invierno ha pasado y la tormenta ha terminado. Nada puede detenerte. ¡Es un nuevo día! ¡Lo has logrado!

El Señor nos está diciendo: determina hoy si vas a estar atado y amarrado por el temor, el miedo al hombre, el rechazo o el fracaso. ¿Estarás atado por la inseguridad y la duda, con temor a creer? ¿O te levantarás como hijo o hija del Reino? Dios quiere llevarnos a nuevos lugares. Está listo para darnos revelación y una nueva visión con nuevas perspectivas e ideas.

El Señor de los ejércitos celestiales nos exhorta fuertemente a cada uno de nosotros. Él está diciendo: "¡No temas! Ahora estoy contigo, y estaré contigo mañana. Déjame mostrarte Mis caminos. Estableceré tu pie y te mantendré en perfecta paz mientras te levantas y me sigues. Tus enemigos serán Mis enemigos y Yo los haré caer, pero tú progresarás y prosperarás como Mi hijo o hija fiel".

Meditación para la aplicación

Aparta de 15 a 30 minutos diariamente para estar en comunión con Dios. Lee cada día y medita en uno de los pasajes de las Escrituras que se enumeran a continuación. Sigue estos pasos.

1. Ve a un lugar tranquilo y sin distracciones.
2. Pon una canción de alabanza y escucha solo la letra.
3. Pídele a Dios que te revele Su corazón y significado mientras lees las Escrituras.
4. Escribe tus reflexiones en la parte inferior o en tu diario.
5. Lee las Escrituras diariamente para que recibas la máxima revelación.

1 Juan 4:18 (RVA-2015)
Proverbios 23:7 (NBLA)
Hebreos 11:3 (RVA-2015)

Momentos de reflexión

1. ¿A qué le temes más? ¿Cuál es la raíz de tu temor? ¿Cómo ha afectado tu vida?

2. ¿Qué tipos de temor (rechazo, hombre, fracaso o éxito) te han impactado? ¿Cómo puedes convertir esos temores en convicción y fe en las promesas de Dios para ti?

3. ¿Has recibido palabras proféticas que no se han cumplido? Si es así, pídele al Señor que te revele el momento y te dé una mayor comprensión de la palabra para este tiempo.

Capítulo 5
Resiste y Conquista las Mentiras

Las personas que resisten las mentiras de Satanás siempre tendrán la fuerza y la confianza para vencer el mal que trabaja contra ellos. Punto.

Cuando pienso en resistir y en vencer las mentiras de Satanás, me recuerda una situación en la que me encontré no hace mucho tiempo. Les contaré un poco sobre mi historia. La mayor parte de mi adolescencia y vida adulta la viví como una persona temerosa, insegura, avergonzada y desorientada. Siempre había estado en un segundo plano y me sentía muy cómoda estando allí, hasta que un día, Dios decidió alterar abruptamente mi sentido familiar de comodidad, o, debería decir, mi cómoda forma de vida.

Toma tu Asiento

Esta es mi historia que tuvo lugar en 2012. Incluso ahora, se me eriza la piel solo de pensarlo. Estaba sentada en mi lugar habitual en la iglesia, junto a la pared del lado izquierdo del edificio, ocupándome de mis propios asuntos. Nunca me senté al frente porque no quería llamar la atención, a pesar de que había sido ordenada como ministro el año anterior. Sentía que no era el tipo de persona que se levantaría y tendría todos los ojos puestos en mí. Sin embargo, ser tímida e insegura finalmente no me dejaba espacio para ministrar a la congregación. Mis actitudes y percepciones me impedían avanzar hacia mi vocación, pero en ese momento no lo entendía.

Un domingo en particular, una amiga mía se acercó y me dijo: "¿Sabes que el asiento de la primera fila tiene tu nombre?" Grité frenéticamente: "¡No!".

Ella me explicó que la primera fila había sido reservada para los líderes del ministerio. Me aterroricé. Hasta ese momento, ni siquiera me había visto a mí misma como líder. Sabía que había sido ordenada para ministrar, pero ciertamente no pensé que fuese a alterar mi estado de comodidad y hacer que cambiara mi posicionamiento físico y espiritual. Dios me había llamado para apacentar a Sus ovejas, y yo lo estaba haciendo tras bastidores. Nadie tenía por qué saberlo. ¿De verdad? Así que me negué y me quedé donde estaba.

Desde que mi amiga me informó sobre estos asientos en la primera fila que estaban marcados para mi esposo y para mí, sentí que los asientos me perseguían todas las semanas. No podía ir a nuestras reuniones sin pensar en los asientos. De hecho, antes o después de cada servicio, pasaba lentamente por los asientos solo para ver si habían cambiado de opinión sobre los asientos que nos habían asignado. Tal vez, solo tal vez, se los habían dado a algunas personas especiales. Me horroricé al ver que uno de los asientos todavía tenía mi nombre. Literalmente pensé: "¿Por qué me está pasando esto a mí?".

Finalmente oré al Señor y le pedí que me ayudara con la situación. Él respondió diciendo: "Toma tu asiento". En ese momento, estaba tan llena de temor e inseguridad, que la sola idea de sentarme en esa primera fila me aterrorizaba. Pero sabía que tenía que obedecer a Dios. Al cabo de un par de semanas, finalmente lo hice. Francamente, todo temor oculto o fortaleza dentro de mi alma comenzó a manifestarse, pero aun así permanecí en el lugar donde Dios me llamaba a pararme. Dios ha hecho milagros a través de ese pequeño acto de obediencia.

Nunca he vuelto al lugar donde una vez me había sentado con temor.

Por último, fortalézcanse con el gran poder del Señor. Pónganse toda la armadura de Dios para que puedan hacer frente a las artimañas del diablo. Porque nuestra lucha no es contra seres humanos, sino contra poderes, contra autoridades, contra potestades que dominan este mundo de tinieblas, contra fuerzas espirituales malignas en las regiones celestiales.

— Efesios 6:10-12 (NVI)

Tienes que saber esto. Vamos a tener que mantenernos firmes en la autoridad que Dios nos ha dado, y derrotar todo lo que esté trabajando en contra de nuestra identidad en el reino o robando nuestra comunión con el Señor. Porque esta es la verdad: muchas veces el enemigo sabe más acerca de nuestra identidad espiritual que nosotros. El enemigo sabe que cuando estamos haciendo lo que Dios nos ha llamado a hacer, estamos en nuestro lugar más fuerte, más poderoso y más efectivo. Es donde se magnifica la verdad y se expone cada mentira. Es el lugar del poder y la autoridad, que finalmente se convierte en el lugar de la victoria.

Así que debemos ponernos nuestra armadura espiritual diariamente y ceñir nuestras mentes con la Palabra de Dios. Debemos reconocer que estamos en una guerra cada día. Tenemos un oponente que está luchando para traer destrucción sobre todo lo que pertenece a la vida y a la santidad. Debemos vivir con esta certeza para poder vencer y demoler por completo cualquier fortaleza que él haya puesto en nuestras vidas.

> Sean sobrios y velen. Su adversario, el diablo, como león rugiente anda alrededor buscando a quién devorar.
>
> — 1 Pedro 5:8

Nuestro discernimiento también es clave. Debemos discernir por el Espíritu Santo y reconocer cuando el enemigo se ha infiltrado en nuestra atmósfera. Es vital que prestemos atención a cómo está operando el diablo para que podamos ponerle fin. Necesitamos ser estratégicos y astutos en la forma en que tratamos con el diablo, para que los propósitos del Señor puedan seguir avanzando y estableciéndose.

Los planes de Satanás no siempre son obvios, pero Dios revelará continuamente tales cosas a aquellos que tengan un corazón para conocer Su voluntad, discerniendo tanto el bien como el mal. El mal acecha continuamente para descarrilar y disuadir al pueblo de Dios. A veces viene como desánimo. Otras veces viene con un trato injusto o la traición de un amigo cercano. Cualquiera que sea el caso, debemos ver a través de estos esquemas demoníacos. Estos esquemas son enviados contra nosotros para impedirnos avanzar con éxito y cumplir con nuestro llamado y propósito en la tierra. Pero con la ayuda del Todopoderoso, venceremos todo complot o arma de Satanás que quiera detenernos o mantenernos oprimidos.

Preséntate - Lo que Más Teme Satanás

Deshazte de todo lo que te detenga y preséntate. La luz que Dios ha puesto en ti es la única que es necesaria para cambiar tu mundo. La oscuridad solo está presente en la ausencia de la luz. Así que, si va a haber alguna luz en nuestro día, en nuestro tiempo o en nuestro mundo, debemos aparecer. Debemos luchar y enfrentarnos a Satanás, no huir de él.

Hace años, fui a visitar en el hospital a una amiga por la que había estado orando con respecto a una enfermedad mortal. Mientras estaba en su ciudad natal, pensé en hacerle una visita, aunque ya había escuchado que se sentía mucho mejor. Cuando entré en la habitación, vi a una enfermera moviéndose alrededor de su cama, registrando los signos vitales y otra información del paciente. Luego se trasladó al otro lado de la habitación para que pudiéramos disfrutar de nuestra visita.

Mientras hablábamos y nos poníamos al día sobre los acontecimientos actuales, alabé a Dios por lo que estaba haciendo en nuestras vidas. La enfermera pudo escuchar nuestra conversación. Para mi sorpresa, comenzó a llorar y a recibir fe para su situación personal. Con lágrimas en los ojos y esperanza en su corazón, se volvió hacia mí y me dijo: "¡Acabas de restaurar la fe en mi matrimonio!"

Me quedé asombrada. No estaba orando en ese momento, ni citando alguna Escritura. Ni siquiera estaba allí para hablar con ella. Solo estaba allí para visitar a una amiga. Simplemente estaba teniendo una conversación normal, siendo quien soy. Lo que comencé a ver ese día es que mis palabras estaban llenas de espíritu y de vida, ¡porque Dios vive dentro de mí! Cuando la Luz de Toda Vida fue liberada en ese momento, la enfermera fue capaz de ver algo diferente y cruzar del cautiverio pasado de desesperación y de desaliento, entrando directamente en la fe y la esperanza para su futuro. Simplemente me presenté y el enemigo fue derrotado.

Esto es lo que Satanás teme. Cuando aparece la luz, ¡la oscuridad debe huir! Cuando las personas adquieren esperanza, fe y valor para sí mismas, comienzan a reproducirlo en los demás. ¡Esto llena la tierra con la gloria de Dios y aleja el mal!

Una vez más, escucha mis palabras. Dios está listo para transformar vidas, pero debemos presentarnos. Él no está buscando gigantes espirituales; está buscando vasijas. Él está buscando a aquellos que están llenos de Su luz pura de amor, esperanza, fe y arrojo. ¡Te está buscando! Él es el super trabajador dentro de tu ser natural.

Victoria Sobre las Mentiras del Temor

Por lo tanto, deja que Dios sea Dios en ti y a través de ti, y observa cómo expone el mal mientras ilumina todo lo que te pertenece. Verdaderamente, es así de simple. Así es como obtenemos la victoria sobre las mentiras del temor y de la desesperación. Para vivir la vida ascendente del vencedor, debemos enfrentar el temor y vencerlo.

¿Cómo se vence el temor? Primero, la Palabra de Dios debe discipularte. Su verdad hablada no solo edifica tu confianza, sino que también libera el poder del Espíritu Santo. Cualquier temor que necesites vencer puede ser disipado a través de las promesas y verdades de la Biblia.

Segundo, debes permanecer en la verdad. En la Biblia, permanecer es un verbo activo. Permanecer en Cristo no es un sentimiento o una creencia, sino algo que se hace. Significa permanecer o quedarse, y va mucho más allá de creer en el Salvador. Juan ilustra esta relación permanente en el capítulo 15.

"Permanezcan en mí, y yo en ustedes.
Como la rama no puede llevar fruto por sí sola
si no permanece en la vid, así tampoco ustedes
si no permanecen en mí. Yo soy la vid, ustedes
las ramas. El que permanece en mí y yo en él,
este lleva mucho fruto. Pero separados de mí
nada pueden hacer".

— Juan 15:4-5 (RVA-2015)

Cuando permanecemos con Cristo y Su verdad, ésta se convierte en parte de nosotros. No hay que esforzarse por ser ni hay presión para actuar de una manera determinada. Se convierte en parte del tejido de nuestro ser.

En tercer lugar, debes ir más allá de las palabrerías de los demás y de las amenazas de peligro para entrar en una perspectiva más elevada. Allí te posicionas intencionalmente para ver la salvación del Señor, recibir Su favor y obtener Su victoria, tal como lo hizo Moisés.

Y Moisés respondió al pueblo: ¡No teman! Estén firmes y verán la liberación que el SEÑOR hará a favor de ustedes. A los egipcios que ahora ven, nunca más los volverán a ver. El SEÑOR combatirá por ustedes, y ustedes se quedarán en silencio.

— Éxodo 14:13-14 (RVA-2015)

Si no permites que el temor se apodere de ti y comienzas a confiar en Dios con todo lo que tienes, Dios luchará por ti y te establecerá en paz. Serás completamente liberado, y tus enemigos serán completamente derrotados.

Meditación para la Aplicación

Aparta de 15 a 30 minutos diariamente para estar en comunión con Dios. Lee cada día y medita en uno de los pasajes de las Escrituras que se enumeran a continuación. Sigue estos pasos.

1. Ve a un lugar tranquilo y sin distracciones.
2. Pon una canción de alabanza y escucha solo la letra.
3. Pídele a Dios que te revele Su corazón y significado mientras lees las Escrituras.
4. Escribe tus reflexiones en la parte inferior o en tu diario.
5. Lee las Escrituras diariamente para que recibas la máxima revelación.

Santiago 4:7 (NTV)
Juan 15:4-5 (RVA-2015)
Éxodo 14:13-14 (RVA-2015)
Efesios 6:10-12 (NVI)

Momentos de Reflexión

1. ¿Qué mentiras causan temor en tu corazón? ¿Cómo te estorban?

2. ¿Con qué mentiras del enemigo, ya sea directamente o a través de las personas, estás de acuerdo? ¿Cómo cambiaría tu vida si dejaras de estar de acuerdo con las mentiras?

3. ¿En qué área de tu vida tienes que estar presente para derrotar al enemigo? ¿Cómo sería tu vida si te presentaras para derrotar al enemigo?

Capítulo 6
Supera el Dolor

El mundo está siempre evolucionando y las tendencias cambian constantemente. Muchas personas están lidiando con el estrés y las presiones de la cultura moderna. La tecnología es el motor de la sociedad y parece que todo el mundo se deja llevar por ella.

Aunque el mundo parece transformarse mientras hablamos, muchos de nosotros nos hemos quedado atrapados en un espacio de vida muy restringido, dejando poco espacio para el crecimiento o el cambio. Puedo asegurar, sin temor a equivocarme que, la mayor parte de esta constricción se debe a una escasa capacidad de adaptabilidad y ajuste. Sus almas se han cerrado por el dolor y el trauma del pasado.

Cuando detectamos desafíos, cambio o un nuevo orden, tanto nuestras puertas emocionales como las puertas de confianza, se cierran para evitar el dolor. Cada vez que alguien o algo nos hace daño, lo recordaremos, y eso nos marcará. Si no lo confrontamos, el dolor se quedará arraigado en nuestras emociones. El dolor se adherirá a nuestras mentes y se comunicará con nuestra voluntad. Esto es enorme. El dolor puede apoderarse de nosotros y alterarlo todo.

Sin embargo, muchas personas creen que no deberíamos reconocer el dolor porque eso le daría una atención innecesaria. Ellos creen que centrarse en el dolor lo magnificará y causará más daño que bien. Es absurdo y peligroso creer que el dolor no es nada. El dolor no desaparece en el aire si lo ignoramos. Dime, ¿dónde está la lógica en eso?

Otros creen que podemos reconocer el dolor, pero que no deberíamos quedarnos ahí por mucho tiempo; deberíamos enterrarlo y seguir adelante. Voy a dejar constancia de que eso no es posible. La herida ya ocurrió, tu cerebro lo registró y ya se ha descargado en tu banco de memoria como una zona de peligro. Por ejemplo, si alguien dice algo que desencadena una reacción conectada con un lugar de trauma en su interior, reaccionará de una manera inusual. Es entonces cuando nos daremos cuenta de que el dolor del trauma no está tan enterrado como pensábamos. Ignorar las heridas enterradas nos costará a largo plazo, porque viviremos la vida desde un lugar de esclavitud en lugar de libertad y plenitud.

Por eso debemos ver el dolor de otra manera. En lugar de tratar de ignorar el dolor, debemos aprender a procesarlo correctamente. Esto marcará la diferencia entre un estado emocional sano y un estado emocional enfermizo. Si nos entrenamos para procesar cualquier forma de aflicción con una lente diferente, el trauma no nos capturará. Mirar situaciones dolorosas en el contexto adecuado no solo puede sanarnos emocionalmente, sino que también puede sanarnos mental y físicamente. Obtendremos la victoria en lugar de la derrota.

Mi experiencia personal es un ejemplo de esto. No hace mucho, me enfrenté a uno de los momentos más dolorosos de mi vida. De repente, mi mundo fue severamente sacudido. No entendía por qué en ese momento, pero en un instante la vida se volvió muy difícil. Nunca me había sentido tan impotente. Era como Supermán abrumado por la criptonita. Las únicas palabras que pude pronunciar fueron: "Dios, ayúdame". Fue emocionalmente aplastante. Sentía que me estaba volviendo loca y que no era nadie en absoluto. ¿De dónde salió eso? Del rechazo.

Las raíces del rechazo comenzaron a emerger de maneras que nunca había sentido, y realmente me estaban poniendo a prueba. Mis dolores más profundos brotaron como fuentes y provocaron una gran angustia que pesaba mucho en mi alma.

Ahora que he superado esta crisis y he salido adelante, me siento obligada a compartir los peligros ocultos y las barreras a la estabilidad emocional que surgen al no hacer frente a una fuerza tan importante. Debemos abordar estas cosas para convertirnos en la versión más poderosa de lo que somos, para nosotros mismos y para quienes nos rodean.

Después de atravesar una oscuridad tan densa, he podido captar una luz mucho más brillante. Mi experiencia, me ha hecho mirar más a los demás desde una perspectiva muy diferente. Por ejemplo, ahora veo que muchos de los que son etiquetados de alborotadores rebeldes, son en realidad personas que no desean o pueden aliviar el sufrimiento asociado a su situación traumática pasada. Actúan mal porque su condición emocional hostil y dolorosa habla más fuerte que cualquier cosa o persona a su alrededor. Por ejemplo, las personas que se ofenden fácilmente y parecen llevar sus sentimientos a flor de piel, a menudo sufren problemas profundamente arraigados de dolor y trauma. ¿Alguna vez te has tomado el tiempo para ver a personas así a través de la lente de un trauma personal, o las evitas manteniendo la distancia? Parecen ser una molestia con la que hay que lidiar, pero la realidad es que la mayoría de ellos no se despiertan cada mañana con el objetivo de permanecer enojados y ofendidos.

Por lo general, se presenta una situación que toca o desencadena un área muy sensible y dolorosa del alma. Estalla una reacción emocional que apunta al problema subyacente. Los cónyuges conocen bien este escenario. Los padres también están familiarizados con esto, y no olvidemos a los compañeros de trabajo y jefes que lo entienden muy bien.

La siguiente conversación es demasiado familiar.

"¿Estás bien?"

"¿Qué te pasa?"

"¿Qué hice? Es evidente que algo anda mal".

"No puedo decir nada bien".
"Llevas tus sentimientos a flor de piel".
"¡Otra vez lo mismo!"

Muchos de nosotros podemos recuperarnos rápidamente, incluso de las situaciones más desagradables y difíciles; no pensamos dos veces en la negatividad o en las situaciones desfavorables. No podemos darnos el lujo de quedarnos atascados emocionalmente, por lo que tendemos a pasar de largo y seguir moviéndonos. Nos ocupamos de nuestros asuntos y dejamos los comentarios, opiniones y críticas de otras personas para que ellos los procesen. Después de todo, "Si tienen problemas conmigo, es su problema, ¿no?".

Bueno, he aprendido que esto no es necesariamente cierto. La verdad es que: esos rechazos, críticas y opiniones injustificados encuentran su lugar en nosotros, ya sea que los aceptemos o no. Esto es lo mismo que caminar sobre la tierra. Si pisamos la tierra con los pies, dejaremos una huella. Lo mismo ocurre con las acciones o palabras de otras personas. Si alguien pisotea nuestros sentimientos, lo sentiremos y dejará una impresión horrible, incluso si elegimos alejarnos e ignorarlo. Por esta razón, debemos estar dispuestos a hacer el esfuerzo de lidiar con los comentarios negativos y responder de la manera correcta.

Por muy dolorosos que puedan ser, estas oportunidades incómodas nos ayudarán a comprender y a crecer, en lugar de deteriorarnos emocionalmente, cargando con el dolor y las heridas purulentas durante años.

"Oh Señor, líbrame de los malvados;
protégeme de los violentos, de los que urden en
su corazón planes malvados todos los días
fomentan la guerra.
Afilan su lengua cual lengua de serpiente;
¡veneno de víbora hay en sus labios! Selah"

— Salmo 140:1-3

Las palabras pueden ser cortantes y poderosas. Pueden impulsarnos hacia adelante o derribarnos. Pueden sanar nuestras heridas o envenenar nuestro corazón. Por eso pedimos al Señor que guarde nuestro corazón.

Los Efectos del Dolor

Cuando no reconocemos nuestra herida y permitimos que el dolor viva en nuestro corazón, nos infectamos con lo que yo llamo Heridas Enfermizas y de Desorden (HED). Esta afección del corazón se propaga rápidamente a numerosas áreas de nuestra vida. Altera nuestras relaciones y afecta nuestras creencias. Distorsiona nuestra percepción, lo que hace que tomemos decisiones equivocadas. Envenena nuestros pensamientos, cambia nuestra forma de hablar, roba nuestra calidad de vida y nos arrebata todo lo bueno de nuestro bienestar. Lo más peligroso de todo es que cambia la esencia de quienes somos. ¡Es simplemente horrible!

Cuando permitimos que el (HED) tenga un lugar en nuestro corazón, debemos identificar sus características para poder desmantelarlo y desalojarlo. Muchas veces, nos comportamos habitualmente de manera incorrecta y no nos damos cuenta o no entendemos por qué estamos respondiendo negativamente. Debemos mirar y abordar estos comportamientos con una visión clara.

Echemos un vistazo a algunos de los síntomas que acompañan a la Enfermedad y Trastorno del Dolor. La desconfianza, la sospecha, el cinismo, el sarcasmo, la amargura, el temor, la falta de fe, la falta de relación, la frustración, el control, la manipulación, el aislamiento, el estancamiento, la crítica y el juicio, son algunos de los síntomas más comunes. Las personas bajo la influencia del (HED) también son más susceptibles a sufrir retraso en el desarrollo, la depresión, la ansiedad, los trastornos mentales, los ciclos negativos y los comportamientos destructivos.

Un dicho conocido es que las personas que han sido heridas hieren a otras personas. Esto es muy cierto, pero no tiene por qué ser siempre así. Cuando nos permitimos mirar más allá del comportamiento externo, veremos que las personas que infligen dolor están llenas de su propio dolor, lo que los lleva a arrojarlo, ignorantemente, sobre los demás. Una vez que seamos plenamente conscientes de este ciclo de aflicción, podremos interrumpir el ciclo del (HED) siguiendo la Palabra de Dios. En lugar de recibir sentimientos magullados, podremos ofrecer amor, libertad y transformación a las personas que sufren el tormento de un trauma doloroso. Veamos en el libro de Génesis el caso de José.

Los hermanos de José lo odiaban porque su padre lo favorecía. Lo traicionaron airadamente vendiéndolo como esclavo a los madianitas. En Egipto, los madianitas vendieron a José a Potifar, uno de los funcionarios del faraón, que era el capitán de la guardia. Estaba claro que José ya no tenía control sobre su propia vida, ni sobre ninguna de las circunstancias que le concernían. ¿Te imaginas lo doloroso que debió ser?

Potifar reconoció que todo lo que José hacía tenía éxito porque Dios estaba con él, por lo que lo puso a cargo de todo lo que poseía. En consecuencia, José obtuvo el favor de Dios y de los hombres. Nunca se hundió en la amargura, la falta de perdón, la autocompasión o el resentimiento. Siguió sirviendo y honrando al Señor como se le había enseñado en la casa de su padre. Poco después de su promoción, la esposa de Potifar lo acusó falsamente y fue encarcelado. Pero incluso mientras José estaba en prisión, el Señor estaba con él. Dios concedió a José el favor de capataz de la prisión, y fue puesto a cargo de todos los demás prisioneros.

Tras un giro en los acontecimientos mientras servía diligentemente en prisión, José fue llamado a interpretar el sueño del Faraón. Dios le dio la interpretación y le dio la sabiduría necesaria para prepararse para una inminente hambruna que se avecinaba sobre la tierra de Egipto. Faraón se asombró del poder y la presencia de Dios que reposaban sobre José. Decidió hacer a José gobernador y ponerlo a cargo de todo el palacio y de todos los asuntos de Egipto.

Durante la hambruna, los hermanos de José fueron a Egipto a comprar alimentos porque habían oído que había un gran suministro de alimentos en el lugar. Lo que no sabían era que esto había llegado a estar disponible porque su hermano José había administrado fielmente la tierra y almacenado alimentos durante años, antes de que llegara la hambruna. José reconoció a sus hermanos. Sabía que Dios los había traído a Egipto, así que no los rechazó. Al contrario, se reveló a ellos. Los hermanos reconocieron que Dios estaba con él, a pesar de todos sus planes malvados. Dios había usado todo el dolor, el rechazo, el abandono y el abuso para el bien del pueblo.

"Entonces José dijo a sus hermanos: Acérquense a mí, por favor. Ellos se acercaron, y él les dijo: Yo soy José su hermano, el que vendieron para Egipto. ⁵ Ahora pues, no se entristezcan ni les pese el haberme vendido acá, porque para preservación de vida me ha enviado Dios delante de ustedes".

— Génesis 45:4-5 (RVA-2015)

*"Entonces lloraron también sus hermanos, y postrándose delante de él le dijeron: Aquí nos tienes como siervos tuyos. Pero José les respondió: **No teman**. ¿Estoy yo acaso en el*

lugar de Dios? Ustedes pensaron hacerme mal, pero Dios lo encaminó para bien, para hacer lo que vemos hoy: mantener con vida a un pueblo numeroso. Ahora pues, no tengan miedo. Yo los sustentaré a ustedes y a sus hijos. Así los confortó y les habló al corazón".

— Génesis 50:18-21(RVA-2015)

Debemos ver las cosas a través de un punto de vista más amplio. El dolor no es lo principal; es simplemente una parte del proceso. Debemos aceptar y estar dispuestos a atravesar el dolor para poder vivir triunfantes. Si vemos el dolor como un peligro o algo que debemos evitar, lo magnificaremos y comenzaremos a vivir en ciclos disfuncionales que alterarán nuestra identidad y destino, así como nuestro corazón.

El Dolor y el Ciclo de Control

Cuando estamos heridos, podemos expresar nuestro dolor intentando controlar a los demás mediante la manipulación, la fuerza o la presión para que se conformen y hagan lo que queramos. Actuamos así en lugar de afrontar traumas pasados en los que nos sentimos fuera de control. El ciclo de control se convierte en un mecanismo de supervivencia que nos hace tener una falsa sensación de seguridad y protección. Estos comportamientos controladores también encubren el dolor de las heridas preexistentes, desviando toda la atención de la lucha con nuestro propio dolor interno.

En cambio, necesitamos ser guiados y dirigidos por el Espíritu de Dios. Él no solo nos protegerá, sino que también revelará lo que necesitamos para estar plenos en cada área de nuestras vidas. No tendremos que controlar o manipular a otras personas o situaciones, cuando sepamos que Dios está obrando a nuestro favor. Él traerá crecimiento a nuestras vidas y destruirá las obras de las tinieblas que merman nuestra calidad de vida.

Jesús fue a la cruz para que nosotros, como hijos de Dios, tuviéramos pleno acceso al trono de la gracia. Por medio de esta gracia experimentamos el poder, la provisión y la protección de Dios de manera inagotable. Sólo Él es la fuente de la vida.

Recuerdo una vez que mi hijo me envió una foto de un conocido pastor cristiano junto a una figura pública muy polémica y descarriada. Aproveché esta oportunidad como un momento de enseñanza. Le expliqué a mi hijo que ese pastor sigue siendo un gran pastor para muchos, y un miembro de la familia de Dios. Si Dios no le da la espalda, ¿por qué deberíamos rechazarle? El pastor no había hecho nada malo al estar en compañía de ese hombre. Como al resto de nosotros, se le había dado libre albedrío para elegir lo que creyera correcto. Esas decisiones serían juzgadas por Aquel que le dio la libertad de elegir, no por la humanidad.

Es importante que cada creyente recuerde estos principios, a medida que avanzamos en el viaje de la vida. Debemos ver el cuerpo de Cristo de la misma manera que vemos a nuestra propia familia. No cortamos vínculos familiares con nuestra línea de sangre por tomar malas decisiones. Así que, tampoco debemos hacerlo con la familia de Dios si el Espíritu Santo no ha expuesto las obras de Satanás entre ellos.

La cultura de la cancelación ha causado una epidemia de ofensas desenfrenadas en nuestra sociedad, pero no debe afectar al pueblo de Dios. Operamos por las leyes de Dios, que son un nivel más alto de principios y normas que están arraigados en la justicia y en la verdad de Dios. La vida continuará liberando esporádicamente el dolor, las heridas y la desilusión, pero si lo sabemos, responderemos correctamente en esos momentos y podremos movernos con gracia para vencer. Esa gracia nos es dada para llevarnos al triunfo, momento a momento.

Cuando no se nos enseña a navegar adecuadamente a través de las heridas, éstas podrían paralizarnos. Si somos conscientes de lo que impacta a nuestras almas y de cómo eso influye, podremos ser más activos e intencionales para lidiar con las heridas no resueltas que envenenan nuestros corazones y nuestras mentes.

Procesa el Dolor de la Manera Correcta

El dolor duele. No hay otra forma de decirlo. Ya sea que me golpee el dedo del pie, el codo, o me haga un corte en un dedo, no me siento bien y nunca me acostumbraré. El dolor interno no es diferente. Cuando alguien nos miente, nos traiciona o nos engaña, duele profundamente. Es insoportablemente doloroso y debe ser reconocido para que se produzca la sanidad.

En el ámbito natural, ciertas heridas físicas necesitan una atención especial. Los médicos utilizan puntos de sutura para que una herida grave pueda cicatrizar adecuadamente. Las heridas internas también necesitan una atención especial; no te dejes engañar por lo que no es visible. Si hemos sido heridos, los síntomas o reacciones nos indicarán la causa de la raíz. Es por eso, por lo que no debemos apresurarnos a juzgar a las personas por sus acciones. Identificar el origen del trauma nos da el poder para cambiar la condición. Si no somos capaces de reconocer el problema en cuestión, nunca podremos asumir que podremos eliminarlo.

La conciencia nos posiciona y nos empodera para comprender lo que se necesita para superar el trauma y seguir una nueva trayectoria para el futuro. Cuando podemos identificar la fuente, la causa de la raíz del trauma, podremos responder con intencionalidad divina para verlo sanado, y podremos comenzar a vivir en un lugar de plenitud y de paz.

Echemos un vistazo a este versículo descriptivo que aborda la confrontación del trauma para ver el gozo al otro lado. Jesús soportó la cruz por el gozo puesto delante de Él.

Puestos los ojos en Jesús, el autor y consumador de la fe, quien por el gozo que tenía delante de él sufrió la cruz, menospreciando el oprobio, y se ha sentado a la diestra del trono de Dios.

— Hebreos 12:2 (RVA-2015)

¿Significa eso que Jesús actuó como si no hubiera una cruz? No, para nada. Significa que Él vio esa experiencia en la cruz como la única manera de llegar al gran gozo que estaba puesto delante de Él. Soportó el sufrimiento para que se cumpliera el plan del pacto del Padre para la salvación de la humanidad. ¡Qué victoria!

El dolor de Jesús no es diferente al de una mujer dando a luz. Piénsalo. Ella debe fijar su mente en la bendición de esa pequeña y frágil persona que está pasando por su vientre, más que en el trabajo del parto, el sufrimiento y el malestar que soportará durante todo el proceso. Sin embargo, resistirá por el gozo que tiene ante ella. En muchos casos, como la alegría es mucho más gratificante que el dolor, las mujeres soportarán el sufrimiento una y otra vez a medida que hacen crecer sus familias al traer más hijos al mundo.

Cuando no procesamos correctamente el dolor, la traición, el abandono o el rechazo, nos quedamos atrapados en ellos, y todas esas experiencias dolorosas gobernarán nuestras vidas. Nuestros sentimientos, pensamientos y creencias quedarán atrapados en los espacios oscuros de nuestra alma y, en última instancia, nos harán vivir en la miseria rutinaria y habitual, la ira, la amargura, la confusión, la frustración y, a veces, la depresión. ¿Cómo podríamos procesar eficazmente el dolor? La única manera en que podemos responder de la manera correcta a cualquier cosa que suceda en esta vida es mediante las instrucciones de la Palabra de Dios para cada situación.

Aplica la Palabra al Dolor

La Biblia tiene recetas para situaciones dolorosas. Nos enseña cómo responder en medio de la angustia y los problemas infligidos por otros. Veamos algunos de ellos.

> *Si un creyente peca contra ti, háblale en privado y hazle ver su falta. Si te escucha y confiesa el pecado, has recuperado a esa persona.*
>
> — Mateo 18:15 (NTV)

> *Aunque mi padre y mi madre me abandonen, el Señor me mantendrá cerca.*
>
> — Salmos 27:10 NTV

> *Pero yo digo: ¡ama a tus enemigos! ¡Ora por los que te persiguen!*
>
> — Mateo 5:44 (NTV)

Si perdonas a los que pecan contra ti, tu Padre celestial te perdonará a ti; pero si te niegas a perdonar a los demás, tu Padre no perdonará tus pecados.

— Mateo 6:14-15 (NTV)

> *Cuando vayas camino al juicio con tu adversario, resuelvan rápidamente las*

diferencias. De no ser así, el que te acusa podría entregarte al juez, quien te entregará a un oficial y te meterán en la cárcel.

— Mateo 5:25 (NTV)

Además, "no pequen al dejar que el enojo los controle". No permitan que el sol se ponga mientras siguen enojados.

— Efesios 4:26 (NTV)

Abandonen toda amargura, ira y enojo, gritos y calumnias y toda forma de malicia. Más bien, sean bondadosos y compasivos unos con otros y perdónense mutuamente, así como Dios los perdonó a ustedes en Cristo.

— Efesios 4:31-32 (NTV)

Éstas son solo algunas de las recomendaciones prácticas que dadas para superar situaciones dolorosas e incómodas. Dios nos ha dado todo lo que necesitamos para salir victoriosos. Esto es lo que nos hace más que vencedores. Somos poderosos más allá de toda medida, porque el Dios Todopoderoso nos ha dado el poder para superar cualquier situación problemática o dolorosa con la que nos enfrentemos en esta vida terrenal.

¿Quién nos apartará del amor de Cristo? ¿La tribulación o la angustia, la persecución, el hambre, la desnudez, el peligro o la espada? Así está escrito: "Por tu causa siempre nos llevan a la muerte; ¡nos tratan como a ovejas para el matadero!" Sin

embargo, en todo esto somos más que vencedores por medio de aquel que nos amó.

— Romanos 8:35-37 (NVI)

Cómo Superar el Dolor de la Iglesia

El dolor de la iglesia es un tema candente y común en la sociedad moderna. Las personas describen esto como rechazo, traición, abuso u ofensa, causados por personas de la iglesia o que están afiliadas a instituciones religiosas. Muchos han dicho que estas heridas son mucho más dolorosas, porque son infligidas por aquellos que se supone que deben caminar en un carácter semejante al de Cristo, mostrando mayores niveles de amor, apoyo y aliento que el mundo.

Cuando me convertí al cristianismo, tenía veinticuatro años y era madre soltera de gemelas. Estaba apasionada por el Señor y la mayor parte de los días no podía esperar ir a la iglesia. Dios comenzó a limpiar mi corazón y a restaurar mi vida inmediatamente. ¡No perdió el tiempo! Experimenté tantos avances y milagros durante ese tiempo, que fue fácil para mí creer cuánto me amaba Dios. Él derramó Su amor en cada área de mi vida.

Desafortunadamente, algunas personas en mi iglesia no sentían lo mismo que Dios. Todo lo que podían ver, era a una madre soltera joven que había hecho cosas muy malas para meterse en una situación vergonzosa. Me miraban como si apestara a pecado. Hablaban de mí a la cara y a mis espaldas. Me sentí como Ester Prynne, que tuvo que soportar la humillación pública por cometer adulterio en la novela más vendida, La Letra Escarlata.

Era una situación muy desagradable, y empeoró cuando comencé a salir con mi esposo, que resultó ser un estudiante universitario prometedor y talentoso sin hijos. Afortunadamente, estaba tan cautivada por la gracia y el amor de Dios que no me hicieron huir. Me quedé en esa iglesia en particular, para aprender a conocer más a Dios y crecer en mi relación con Él. Mi corazón desesperado siempre estaba fijo en Dios, no en las personas, porque necesitaba que Dios transformara mi corazón y cambiara mi vida. Siempre fui muy consciente de que tenía necesidad de Él. Creo que esta es la razón por la que el dolor no permaneció en mi alma. Cuanto más me encontraba con el Señor, más me sobreponía a las palabras ardientes y armadas que la gente me lanzaba en su ignorancia. Mis experiencias con Dios eclipsaron por completo todos los chismes, juicios y murmuraciones que ocurrían a mi alrededor.

Poco después de que mi esposo y yo nos casáramos, Dios nos dirigió a una congregación cristiana diferente. Ojalá pudiera decir que se hizo más fácil, pero sinceramente, no fue así. Nos encontramos con tipos muy diferentes de dolor y problemas con personas muy diferentes, pero aun así era dolor de la iglesia.

A lo largo de los años, he pasado incontables horas en oración y consejería. Sin embargo, después de tantos escenarios diferentes con tantas personas diferentes, solo puedo concluir una cosa: las personas de la iglesia son tan humanas como los demás seres humanos. Son personas que todavía están encontrando su camino hacia la cruz de Cristo, y recibiendo la misma misericordia y gracia que Dios da a todos los hombres. No son mejores ni peores que las personas del mundo. Sus títulos y posiciones no los hacen menos humanos. Son simplemente personas, personas que están entregadas a Dios.

Debemos aplicar los mismos principios y respuestas santas a aquellos que nos hacen daño o nos traicionan dentro de la iglesia, como lo hacemos con aquellos en el lugar de trabajo o en el supermercado. Debemos perdonarlos de la misma manera que perdonamos a todos los que nos ofenden. Mientras oramos para que sus heridas sanen, Dios nos recompensará con la sanidad en nuestros propios corazones. Cosecharemos exactamente lo que sembremos en la vida de los demás.

> *Y el Rey dirá: "Les digo la verdad, cuando hicieron alguna de estas cosas al más insignificante de estos, mis hermanos, ¡me lo hicieron a mí!".*
>
> — Mateo 25:40 (NTV)

Lo que hacemos por nuestros hermanos y hermanas se lo hacemos a Él. Es tan simple como eso. Jesús los ama tanto como nos ama a nosotros. Él quiere bendecirlos y sanarlos en todos los sentidos.

Acción para Superar el Dolor

Debes aprender a actuar, sin ofenderte, para superar los efectos del dolor. El impacto del sufrimiento personal no desaparecerá como por arte de magia sin dar pasos intencionales que promuevan la sanidad y el crecimiento. Podremos beneficiarnos física, mental y emocionalmente de las pruebas si las afrontamos de la manera correcta. Esto es lo que Santiago dice en el Nuevo Testamento:

> *Hermanos míos, tengan por sumo gozo cuando se encuentren en diversas pruebas sabiendo que la prueba de su fe produce paciencia. Pero que la paciencia tenga su obra completa para que sean completos y cabales, no quedando atrás en nada. Y si a alguno de ustedes le falta sabiduría, pídala a Dios —quien da a todos con liberalidad y sin reprochar— y le será dada. Pero pida con fe, no dudando nada. Porque el que duda es semejante a*

una ola del mar movida por el viento y echada de un lado a otro. No piense tal hombre que recibirá cosa alguna del Señor. El hombre de doble ánimo es inestable en todos sus caminos.

— Santiago 1:2-8 (RVA-2015)

Por imposible que parezca, contar los momentos difíciles de nuestra vida como alimento para nuestro crecimiento, nos permite contarlo todo con regocijo. Dios nos hace crecer de esta manera, para que podamos cumplir los propósitos del Reino que Él ha planeado para nuestra vida. No solo venceremos el dolor, sino que también floreceremos en el cumplimiento de nuestro propósito y metas personales.

Meditación para la Aplicación

Aparta de 15 a 30 minutos cada día para estar en comunión con Dios. Lee y medita cada día uno de los pasajes de las Escrituras que se enumeran a continuación. Sigue estos pasos.

1. Ve a un lugar tranquilo sin distracciones.
2. Pon una canción de alabanza y escucha la letra.
3. Pídele a Dios que te revele Su corazón y Su significado mientras lees las Escrituras.
4. Escribe tus reflexiones en la parte inferior o en tu diario.
5. Lee las Escrituras diariamente para que recibas la máxima revelación.

Mateo 18:15 (NTV)
Efesios 4:26 (NTV)
Mateo 6:14 (NTV)

Momentos de Reflexión

1. Examina tu corazón. ¿Qué heridas has albergado? ¿Cómo han afectado el gozo y la plenitud de tu vida?

2. ¿A quién necesitas perdonar? ¿De quién necesitas recibir perdón para seguir adelante, incluyendo a otras personas y/o al Señor?

3. ¿Cuáles son las acciones que tomarás para superar el dolor del pasado?

Capítulo 7
Cómo Vencer el Orgullo

La Real Academia Española define el orgullo de diferentes maneras, pero la definición que abordaré es la que nos resulta común a la mayoría de nosotros. Este diccionario lo define de la siguiente manera: "Orgullo (m.):1. Arrogancia, vanidad, exceso de estimación propia, que suele conllevar sentimiento de superioridad; 2. Amor propio, autoestima".

Esta definición indica que nuestro orgullo podría ser saludable o malsano. Podría ser beneficioso o destructivo, dependiendo de la posición que tomemos y de la postura de nuestro corazón. Una autoestima y una confianza saludables nos permitirán prosperar y tener éxito. Una autoestima saludable podría ayudarnos a ser productivos, equilibrados y pensar con claridad a la hora de gestionar nuestros asuntos personales, relaciones y responsabilidades. Tendremos mejores relaciones, una autoconciencia más saludable y una mayor productividad.

Estas son algunas de las características y signos más comunes de una autoestima saludable. Somos humildes, serviciales y considerados, porque no tenemos nada que demostrar a los demás. También tenemos la actitud de quien trabaja en equipo, del que toma decisiones o de aquel que busca soluciones, porque queremos que las cosas sigan avanzando y funcionando correctamente, para satisfacer la necesidad o lograr objetivos específicos. Podremos dejar de lado nuestros sentimientos y profundizar en una situación para obtener una perspectiva más amplia. Podremos refrenar nuestras emociones y actitudes para ser más eficaces y obtener un punto de vista más amplio.

Por otro lado, el orgullo malsano nos impide manifestar la grandeza para la cual Dios nos creó. Es la forma de orgullo que nos coloca más alto de lo que deberíamos estar, lo cual, es más elevado que la sabiduría de Dios.

Digo, pues, a cada uno de ustedes por la gracia que me ha sido dada, que nadie tenga más alto concepto de sí que el que deba tener; más bien, que piense con sensatez, conforme a la medida de la fe que Dios repartió a cada uno.

— Romanos 12:3 (RVA-2015)

Las palabras que Pablo usa en este versículo revelan la intensidad del tema. Básicamente dice: "considera esto como una advertencia". ¡Vaya! Este lenguaje crea y habla de un momento significativo y sobrio. Nos llama la atención y nos tranquiliza lo suficiente para escuchar la advertencia que se nos hace. Esta es una clave importante para evitar las trampas.

Dios nos advierte con instrucciones. Él dice que debemos despojarnos de la autopromoción y del engaño de nuestra elevada autoimagen o autoestima. Exige que evaluemos honestamente nuestro valor de acuerdo con la medida de fe dada por Dios. Cada vez que nos evaluamos a nosotros mismos fuera de la sabiduría y de la provisión de Dios, nos engañamos a nosotros mismos.

El orgullo puede crear comportamientos destructivos que acarrean consecuencias negativas. Cada uno de estos comportamientos está sujeto a cambios una vez que se identifica.

Algunos de estos comportamientos y sus consecuencias se enumeran a continuación.

- La arrogancia lleva a la ofensa y a la destrucción.
- El egoísmo lleva al aislamiento al alejar a los demás.
- La arrogancia lleva a una caída futura.
- La manipulación lleva a formas de control.
- La posesividad lleva a la falta de paz interior.
- La inseguridad emocional lleva a formas de control.
- La crítica lleva a la ceguera interna.
- El juicio lleva a la falta de libertad personal.
- La envidia o los celos llevan al tormento mental.
- El quebrantamiento lleva a una perspectiva quebrantada.
- El egocentrismo lleva al encarcelamiento mental.
- La autopreservación lleva a una visión distorsionada.
- La arrogancia lleva a un comportamiento malvado.
- El egoísmo lleva al juicio.
- Un espíritu independiente lleva a relaciones rotas.
- El aislamiento paraliza el desarrollo
- El retraimiento lleva al tormento mental.
- El perfeccionismo lleva a la falta de paz y de amor.
- El esfuerzo constante lleva a una forma de logro.
- La competencia malsana genera una gran inseguridad.

El orgullo pernicioso tiene consecuencias, porque está arraigado en la autosuficiencia y en la habilidad humana en lugar de confiar en Dios y en todo lo que Él es. El orgullo da como resultado un corazón dividido, lo que dará licencia al enemigo a hacer estragos.

Cuando nuestros corazones están divididos entre Dios y cualquier ídolo, lo cual puede ser nuestro orgullo, no estamos completamente entregados a ninguna de las partes. Como Elías dijo en 1ª de Reyes:

> *Elías se acercó a todo el pueblo y dijo: ¿Hasta cuándo vacilarán entre dos opiniones? Si el SEÑOR es Dios, ¡síganlo! Y si Baal, ¡síganlo! Pero el pueblo no le respondió nada.*
>
> — 1 Reyes 18:21 (RVA-2015)

Orgullo que Ata la Mente

No hace mucho tiempo, me levanté a las 3:00 a.m., orando, y el Señor comenzó a hablarme. Me mostró una visión de un objeto que parecía un cinturón de plástico envuelto alrededor de los cerebros de la mayoría de las personas, el cual les impedía moverse de la forma en la que Él los creó para moverse. Él dijo que esto había sido colocado allí por falsas ideologías e imparticiones erróneas. Él dijo que esto que yo estaba viendo alrededor de sus cerebros estaba exprimiendo toda esperanza, vida y creencia, dejándolos vacíos, con una sensación de impotencia, muerte, escepticismo e incredulidad. Cuando me fui a la cama eran las 4:44 a.m., que era un número que había estado viendo todo el fin de semana.

Me sentí obligada a compartir esta experiencia con una amiga, alguien en quien confiaba. Después de hablar con mi querida amiga, fui guiada a 2 Corintios 4:4, donde dice que el dios de este mundo cegó las mentes de aquellos que no creían. Sabía que el Señor seguía resaltando nuestra manera de pensar. Él estaba diciendo que nuestra manera de pensar debía cambiar para que pudiéramos ver nuestro futuro. Tendremos que ver cómo movernos y avanzar de una manera nueva.

Pues el dios de esta edad presente ha cegado el entendimiento de los incrédulos para que no los ilumine el resplandor del evangelio de la gloria de Cristo, quien es la imagen de Dios.
— 2 Corintios 4:4 (RVA-2015)

También oré por un miembro de la familia que estaba teniendo un problema personal. Dios me mostró que, para que su problema se resolviera, su percepción debía cambiar. Ella necesitaba humillarse para ver la situación claramente desde la perspectiva de Dios, para que los avances necesarios comenzaran a desarrollarse. Cuando ella pudiera ver como Él ve, entonces podría avanzar con conocimiento y entendimiento.

Este es el dilema al que muchos se enfrentan actualmente. Las personas están orando, ayunando y decretando, además de sembrar y caminar; sin embargo, no han alineado su pensamiento con la mente de Cristo. Como resultado, las personas no han visto a sus hermanos y hermanas a través de los ojos de Dios. Otros no han visto correctamente sus asignaciones, misiones y llamados, porque ven sus vidas desde una perspectiva terrenal. Este punto de vista ha sesgado su pensamiento porque están operando desde sus mentes naturales.

Debemos estar dispuestos a ver más allá de nuestras percepciones normales, y a reconocer cuando estamos estancados en el mismo ciclo que Dios me mostró durante mi tiempo de oración a las 3:00 a.m. No podemos darnos el lujo de permanecer estancados en lo que siempre hemos hecho, ni permitir que las opiniones y creencias de los demás enmarquen nuestra forma de vivir.

Dios está llamando a la humildad para poder revelarnos el plan que tiene para nosotros. Él quiere soplar sobre nosotros para que podamos recibir el poder de ir a donde Él nos está enviando. Él sopló sobre Jesús para darle poder, luego lo envió al desierto. Quiere que nos desatasquemos. Dios nos va a dar la capacidad de interpretar los tiempos y las estaciones para que podamos movernos con precisión con Él. Cuando nos liberemos de nuestro pensamiento y rompamos con los viejos ciclos, Dios nos dará el regalo de los milagros de rompimiento y avance. Dios nos liberará de la cautividad de la mente, y nos dará la capacidad de hacer cosas que nunca pensamos que fueran posibles. Las fortalezas de nuestra mente se quebrarán y desaparecerán, ya no las encontraremos. Podremos derribar estructuras demoníacas en un día.

El Orgullo y Nuestra Forma de Pensar

Si el orgullo está limitando nuestros procesos de pensamiento, el Señor no puede sacarnos de los viejos ciclos y hábitos que nos mantienen estancados. Nuestras maneras de pensar nos encajonarán y limitarán la posibilidad de recibir las recompensas que Dios ha reservado para nosotros. Dios recompensa la obediencia, la diligencia y la fidelidad, pero nuestro intelecto hará que tratemos de ganar un premio ilegítimo al salirnos de los límites de la bendición.

Analicemos el intelectualismo. El intelecto no es nuestro amigo cuando se trata de asuntos de Dios. Más bien puede actuar como nuestro enemigo si no tenemos cuidado. El intelectualismo hace que dependamos de nuestro propio pensamiento, en lugar de depender del Espíritu Santo para obtener guía y comprensión. Esta forma disfuncional de autosuficiencia causa un abismo o separación de la presencia y de la provisión de Dios.

> *Miren, hermanos, que no haya en ninguno*
> *de ustedes un corazón malo de incredulidad que*
> *se aparte del Dios vivo.*
> — Hebreos 3:12 (RVA-2015)

El propósito de la educación es equiparnos mejor en nuestro servicio al Señor y a los demás. Nunca debería ser algo que cree otra forma de esclavitud, donde nos envanezcamos con el conocimiento y nos separemos de nuestro verdadero propósito. Esto nos llevará a la idolatría y construirá fortalezas en el alma. Estas fortalezas demoníacas se establecerán a través del deseo humano y de la voluntad propia. Esta idolatría de la mente humana creará una maldición.

> *Así ha dicho el SEÑOR: "Maldito el*
> *hombre que confía en el hombre, que se apoya*
> *en lo humano y cuyo corazón se aparta del*
> *SEÑOR. ⁶ Será como la retama en el Arabá; no*
> *verá cuando venga el bien, sino que morará en*
> *los pedregales del desierto, en tierra salada e*
> *inhabitable.*
> — Jeremías 17:5-6 (RVA-2015)

La Escritura anterior, describe a una persona que confía en sí misma o en los demás más que en el Dios que la creó. Lamentablemente, heredará una maldición en lugar de una bendición, porque su corazón no podrá ver las cosas de forma clara. En cambio, estará lleno de engaños astutos y siempre estará buscando superar a los demás.

> *Engañoso es el corazón, más que todas las*
> *cosas, y sin remedio. ¿Quién lo conocerá? Yo,*
> *el SEÑOR, escudriño el corazón y examino la*

*conciencia, para dar a cada hombre según su
camino y según el fruto de sus obras.*

— Jeremías 17:9-10 (RVA-2015)

Los caminos destructivos del humanismo, el intelectualismo y el racionalismo se muestran a continuación, de izquierda a derecha.

Humanismo →	Anticristo →	Seducción, tolerancia, regresión
Intelectualismo →	Idolatría de la mente →	Ciclos de mentiras y engaños (conformidad, indulgencia)
Racionalismo →	Lógica de este mundo →	Prostitución

Satanás produce imitaciones y sustitutos que imitan la verdad de Dios. Esta es la razón por la que no podemos detectar fácilmente lo que realmente está operando en nuestro interior. Normalmente, estos resultados negativos no son evidentes hasta que aparecen las consecuencias.

*A causa de tu hermosura tu corazón se
llenó de orgullo. A causa de tu esplendor,
corrompiste tu sabiduría. Por eso te arrojé por
tierra y delante de los reyes te expuse al
ridículo. Has profanado tus santuarios por la
gran cantidad de tus pecados, ¡por tu comercio
corrupto! Por eso hice salir de ti un fuego que*

te devorara. A la vista de todos los que te admiran te eché por tierra y te reduje a cenizas. Al verte, han quedado espantadas todas las naciones que te conocen. Has llegado a un final terrible y ya no volverás a existir".

— Ezequiel 28:17-19 (NVI)

Ciclos Dañinos del Orgullo

La principal consecuencia del orgullo insano es la maldición que crea. El orgullo nos empuja a un orden, por lo que permaneceremos en ciclos de pérdida, carencia y restricción. Estos ciclos nos impedirán avanzar y prosperar como Dios lo planeó. El orgullo le da a Satanás jurisdicción sobre nuestros asuntos, y lo autoriza a gobernar en cualquier situación en la que nos encontremos.

En el libro de Jueces, podemos ver claramente los ciclos de orgullo y de maldiciones que experimentó la nación, porque eran personas tercas y rebeldes que no veían la necesidad de cambiar hasta que se encontraban en dificultades. Nunca se dieron cuenta de que necesitaban a Dios como algo más que un ayudante que los rescataba en tiempos difíciles. Dios misericordiosamente les envió un libertador una y otra vez. Después de ser liberados, volvían a adorar a otros dioses. Entonces sus enemigos volvían una vez más y traían destrucción a su tierra. El Dios de Israel mostró misericordia repetidamente y los rescataba enviando otro libertador. Este ciclo de orgullo y de rebelión les impidió vivir la vida de bendición que Dios deseaba para ellos.

Hace unas semanas, estaba teniendo una conversación con una amiga y Dios comenzó a mostrarle algo espiritualmente. Vio que un gran número de personas iban en ciclos. Le preguntó al Señor, "¿Por qué no pueden ver que van en ciclos?"

El Señor respondió: "Porque están atrapados".

Ella me dijo que había intentado explicarles que había un patrón o ciclo, pero ni siquiera podían entender lo que ella estaba diciendo. Le dije que no podían oír lo que decía porque estaban atrapados en sus propios patrones de pensamiento. Estaban apegados emocionalmente a algo que les causaba ceguera interna, reticencia emocional y una ansiedad abrumadora. No querían enfrentar la ansiedad o la incomodidad de salirse de ese ciclo y poner toda su confianza en Dios. Lo que estaba sucediendo era lo mismo que había visto en la visión en mi tiempo de oración matutino.

Muchas veces, quedamos atrapados en el ciclo de otra persona. Esto es igual de grave. Nuestra terquedad y resistencia a los caminos de Dios, llevan a todos los que están conectados con nosotros en la dirección equivocada. El orgullo hace que nos quedemos atascados o atrapados.

Cada vez que pienso en el término "atrapado", pienso en el sentido literal del dicho en inglés que utiliza la palabra "colgado". Me recuerda a Absalón, el hijo del rey David. Absalón era el hijo rebelde de David que percibió en su propia mente que podía hacer mejor trabajo como rey que David. Su orgullo lo llevó a organizar una campaña contra su propio padre para poder tomar el control del reino. Alguien le dijo a David que su hijo se había vuelto tan malvado que había organizado un ataque para derrocar a David y tomar su trono. David envió a su ejército tras Absalón para arrestarlo y traerlo de vuelta ileso. Mientras huía de sus perseguidores, el cabello de Absalón quedó atrapado en un árbol que lo dejó colgando de una rama. Cuando el comandante de David vio a Absalón colgando del árbol, le atravesó tres dagas en el corazón y lo mató.

Su cabello representa su corazón. Porque no estaba dispuesto a ver diferente y cambiar su actitud, quedó colgado y destruido. Muchos de nosotros experimentamos lo mismo. Luchamos con batallas internas que nos mantienen estancados y bloquean las bendiciones que Dios tiene para nosotros. Continuamos creyendo y operando de acuerdo con nuestros propios deseos y expectativas, que no tienen nada que ver con la voluntad de Dios y el plan predestinado para nosotros.

Venciendo el Orgullo de la Crítica y el Juicio

La crítica y el juicio son elementos de orgullo que se originan en un lugar interno de insatisfacción y de quebrantamiento. Sin embargo, la reacción humana a la insatisfacción interna no es mirar hacia adentro, sino mirar hacia afuera, hacia alguien o algo más. Nuestra insatisfacción interna comienza a medir a otras personas y a situaciones externas con aprobación o desaprobación. Siempre debemos ser conscientes de que, dado que el quebrantamiento interno nos da una perspectiva fragmentada, nunca veremos las cosas de una manera completa hasta que se produzca la sanidad interior.

La crítica y el juicio provienen de personas quebrantadas que se han considerado a sí mismas con una perspectiva o una posición más altas. Pero recuerda, Pablo advierte en el libro de Romanos que no pensemos más alto de nosotros mismos de lo que deberíamos. Cuando criticamos a los demás, encontramos fallas en ellos en lugar de encontrar cosas positivas. Vemos un momento para señalar el fracaso y la debilidad, en lugar de ver la oportunidad de bendecir, animar, apoyar o ayudar. Esto produce conflicto, conformismo, comparación, competencia, baja autoestima y falta de creatividad y de libertad. Corta las alegrías de la vida y no deja espacio para que se exprese el amor.

La mejor manera de superar estas actitudes difíciles es permitiendo que el amor y la misericordia de Dios inunden nuestro corazón. También, debemos estar dispuestos a recibir amor y bondad de los demás. Esto derretirá la dureza de nuestro corazón y sanará las heridas del pasado. Restablecerá nuestra perspectiva y nos hará ver de otra forma. Entonces seremos capaces de edificar y animar a otros, en lugar de juzgarlos y encontrarles faltas.

Venciendo el Orgullo Religioso

El orgullo religioso es una actitud arrogante que opera a través de creencias farisaicas, deberes religiosos y rendimiento. Cuando tenemos orgullo religioso, intentamos obtener satisfacción, aprobación, aceptación o afirmación a través de las buenas obras, la devoción y los logros. Rara vez nos gusta dar la apariencia de debilidad o de estar equivocados, y nos inclinamos a criticar a otros que no cumplen con nuestros estándares.

Debemos recordar que Jesucristo es la Cabeza del cuerpo. Lo que Él dice que es correcto, es correcto, y lo que Él dice que es incorrecto, es incorrecto. Él no condena a los demás, y nosotros tampoco debemos hacerlo. No podemos tomar Su posición y hacer que otros se sientan condenados. De hecho, Él provee una manera para que ellos entren en un nuevo lugar de sanidad, libertad y restauración. Siempre deberíamos tratar de hacer lo mismo.

Jesús respondió con vehemencia a las personas que trataban de acusar a la mujer que había sido sorprendida en adulterio y dijo: "El que de ustedes esté sin pecado sea el primero en arrojar la piedra" (Juan 8:7). Todos comenzaron a soltar sus piedras porque nadie podía afirmar que estaba libre de pecado. Por eso debemos adoptar como práctica fiel, el examinarnos siempre a nosotros mismos y dejar que Dios juzgue a los demás.

El primer mensaje de la iglesia del Nuevo Testamento vino por boca de Juan el Bautista. Fue el fundamento de nuestra relación con Dios y con todos los hombres. Juan declaró: "¡Arrepiéntanse, porque el reino de los cielos se ha acercado!" (Mateo 3:2). Este fue el anuncio del orden y del gobierno de Dios que vendría a la tierra y moraría entre los hombres.

Una de las principales formas en que caemos en actitudes orgullosas ocurre cuando no reconocemos nuestros comportamientos erróneos o formas pecaminosas de vivir. Parece que tenemos miedo de admitir cuando estamos equivocados, o queremos escapar de la vergüenza de estar en el error. Esto también es una forma de orgullo, porque debemos ser humildes para recibir dirección o corrección. Por eso es necesario el arrepentimiento; es la clave para avanzar por el camino correcto. El arrepentimiento ocurre cuando reconocemos intencionalmente nuestro error, decidimos alinearnos con el camino de Dios y nos movemos deliberadamente en una dirección diferente.

El orgullo es una piedra de tropiezo que nos impide confesar nuestras faltas y superarlas. Impide el avance y nos mantiene atrapados en los confines de nuestros propios pensamientos. Si confesamos nuestro pecado seremos sanados y podremos experimentar un estado de libertad. Seremos liberados para recibir amor de una nueva manera y prosperar. La carne siempre estará en guerra con los caminos de Dios, pero debemos elegir la humildad para ir por el camino de la victoria.

El arrepentimiento también implica recibir la mente y el corazón de Dios. Las personas que siguen los caminos del Señor deben conocer Su corazón. La verdad de Dios no deja lugar para el orgullo. Cuando conocemos el corazón de Dios, Él transformará nuestro corazón y ampliará nuestra perspectiva. Ya no veremos desde un lugar terrenal, sino a través de los ojos de

Dios Abba. Nuestras mentes serán renovadas por el Espíritu de la Verdad y a través de la meditación de Su santa palabra. Otro peligro del orgullo es que nos mantendrá en esclavitud mental, espiritual y emocional. Limitará nuestra visión y nos impedirá saber lo que Dios tiene reservado para nosotros, más allá de la forma en la que imaginamos que serían las cosas. Entonces, ¿por qué conformarnos con solo una casa si Dios quiere darnos el mundo? ¿Por qué conformarnos con pastorear ovejas si Dios quiere que pastoreemos una nación? Debemos estar dispuestos a arrepentirnos y a renovar nuestra mente para que podamos entrar en el plan perfecto de Dios.

Los Pensamientos y la Sabiduría de Dios Están por Encima de Nuestros Pensamientos

Debemos despejar el espacio en nuestros corazones, para escuchar todos los pensamientos de Dios y todo el conocimiento que Él quiere comunicarnos, para que Su gloria sea dada a conocer.

Jesús le dijo: Amarás al Señor tu Dios con todo tu corazón y con toda tu alma y con toda tu mente. Este es el grande y el primer mandamiento.

— Mateo 22:37-38 (RVA-2015)

Esa palabra mandamiento es una palabra muy poderosa. Dice: "Haz esto". Cuando miramos la conversación que Jesús estaba teniendo con ese hombre, necesitamos entender esa definición cuando Jesús respondió a su pregunta. Él no estaba dando su opinión o sugiriendo algo que pudiera ser aplicable. No, para nada. Le estaba diciendo la verdad de la voluntad de Dios. Esto es lo que Dios requiere y desea, así que hazlo.

Recuerda, el amor es una palabra de acción, por lo que Dios quiere que estemos dispuestos a amar con toda nuestra mente. Eso significa que debemos darle a Él el primer lugar en nuestras mentes, y permitirle que se siente en ese espacio. Él puede hacer y revelar lo que quiera en ese espacio. Debemos darle espacio allí. No son nuestros pensamientos y Sus pensamientos mezclados.

Debemos ser honestos con Él y decirle: "Recibo Tus pensamientos por encima de los míos, porque tus pensamientos son más altos. Estoy dispuesto a amarte con toda mi mente. Haz lo que quieras en mí". Así es como amamos al Señor con nuestras mentes.

Pues la locura de Dios es más sabia que la sabiduría humana y la debilidad de Dios es más fuerte que la fuerza humana.

— 1 Corintios 1:25 (NVI)

Ya sabemos que los pensamientos de Dios son más altos que nuestros pensamientos, pero la Biblia también dice que la necedad de Dios es más sabía que cualquier sabiduría humana. Por esta razón, debemos practicar el apoyarnos en Dios, en vez de permitir ser movidos o dirigidos por las circunstancias.

El Señor nunca quiso que viviéramos sin Su sabiduría omnisciente. Estábamos predestinados a permanecer con Él y vivir una vida bendecida. La misericordia de Dios ya nos ha precedido, y ha preparado un lugar de bendición para que cada uno de nosotros more ahí. Una de las muchas bendiciones es el espíritu de sabiduría y de revelación. Este don trae entendimiento y nos permite movernos correctamente de acuerdo con los propósitos de Dios.

> *No he dejado de dar gracias a Dios por ustedes. Los recuerdo constantemente en mis oraciones* ^{17} *y le pido a Dios, el glorioso Padre de nuestro Señor Jesucristo, que les dé sabiduría espiritual[a] y percepción, para que crezcan en el conocimiento de Dios.*

— Efesios 1:16-17 (NTV)

A lo largo de la Biblia se nos insta continuamente a no apartarnos de los mandamientos de Dios. La sabiduría de Dios, debe aplicarse para revelar los misterios relacionados con la vida y con nuestra identidad. Su conocimiento revelado, es el que nos da la verdad acerca de quiénes somos y por qué estamos en este mundo. Esto no es simplemente para nuestro beneficio, sino también para el bienestar de nuestras familias, comunidades y naciones. Debemos estar en constante comunión con el Espíritu Santo, para establecer el plan divino de Dios para liberar el Reino de los Cielos aquí en la tierra.

> *...a las doce tribus de la dispersión. Y si a alguno de ustedes le falta sabiduría, pídala a Dios quien da a todos con liberalidad y sin reprochar y le será dada.*

— Santiago 1:1,5 (RVA-2015)

En la Escritura anterior, el apóstol Santiago está hablando proféticamente. El Señor sabe que no podemos hacerlo sin Él, y a veces nos sumergimos tanto en los sistemas del mundo que, comenzamos a operar desde esa dimensión mientras tratamos de cumplir el plan de Dios. Incluso Jesús, el Hijo de Dios, necesitaba que el Espíritu Santo viniera y le impartiera vida, para así poder hacer las obras que Dios le había enviado a hacer. Jesús recibió el Espíritu Santo para poder caminar victoriosamente por el Espíritu.

> *Y el Espíritu Santo, en forma visible, descendió sobre él como una paloma. Y una voz dijo desde el cielo: "Tú eres mi Hijo muy amado y me das gran gozo".*
>
> — Lucas 3:22 (NTV)

Él necesitaba que el Espíritu Santo revelara la verdad del pasado, el presente y el futuro, para poder ser fructífero en todos los sentidos. Al conocer íntimamente quién es Dios y el poder de Su Espíritu, recibimos una impartición y llegamos a ser más como Él. Nos hacemos fuertes, audaces y valientes. Somos empoderados para amar incondicional y sacrificialmente. Somos transformados en Sus humildes siervos y valientes guerreros. Cuando dejamos atrás el orgullo, oramos y pedimos la sabiduría de Dios, recibiremos todo lo que necesitamos por revelación profética para cambiar el mundo.

Soluciones para el Orgullo

La cruz es la única manera de deshacerse del orgullo. La cruz de Cristo nos recuerda el sacrificio continuo que debemos hacer. Las iglesias modernas viven por conveniencia, pero nuestra adoración debe tener un sacrificio para que sea aceptable al Señor.

> *Así que, hermanos, les ruego por las misericordias de Dios que presenten sus cuerpos como sacrificio vivo, santo y agradable a Dios, que es el culto racional de ustedes.*
>
> — Romanos 12:1 (RVA-2015)

Muchas personas no entienden por qué no vemos el poder de Dios como lo hicieron en el Nuevo Testamento. Bueno, la respuesta es muy simple: hemos cambiado la narrativa. Jesús nos dijo específicamente qué hacer y cómo vivir, pero nosotros orgullosamente hacemos lo que sentimos o pensamos que es correcto, en lugar de lo que Dios dice que es correcto.

Dios nos ordena a negar nuestra carne diariamente. Esto nos obliga a hacer lo que Él dice para permanecer de Su lado, el lado de la vida abundante y la bendición. Todo lo que se hace fuera de Su voluntad es orgullo, lo cual lleva a la destrucción.

> *Decía entonces a todos: Si alguno quiere venir en pos de mí, niéguese a sí mismo, tome su cruz cada día y sígame.*
>
> — Lucas 9:23 (RVA-2015)

Es por esto que se vuelve extremadamente importante para nosotros demostrar nuestra fe de una manera santa y justa. La generación más joven debe conocer Sus caminos, no los nuestros, y basarse en Sus palabras, no en las del hombre. Deben entender el sacrificio que se requiere para ver los propósitos de Dios establecidos en su generación. Deben saber que todos están llamados a humillarse y a tomar su cruz para seguirlo verdaderamente. Al hacer esto, debemos buscar al Señor y preguntar: "¿Por qué me pusiste en este planeta? ¿Quién soy yo según Tu plan? ¿Cómo voy a establecerlo?".

El Padre Sabe lo que es Mejor

¿Bajo qué principios vivimos -los de Dios o los nuestros- cuando se trata de quién merece el perdón, quién merece la bendición, quién merece la posición o la promoción, quién merece la justicia o el juicio? Dios, el Padre de la creación, concede buenos dones a sus hijos simplemente porque nos ama. Él es amor, y todo lo que ve y hace proviene de un corazón de amor. La gracia se derrama infinitamente en nuestras vidas, únicamente porque Él ha puesto Su deseo amoroso en nosotros. A medida que avanzamos diariamente en nuestras vidas llena de gracia, no nos atrevemos a pensar que merecemos algo de lo que se nos ha dado gratuitamente, o que alguien más debería ganarse las bendiciones que nuestro Padre anhela liberar en nuestras vidas.

La naturaleza de Dios se encontrará en los hijos de Dios. Llevarán Su fragancia y Su esencia. Amarán como Él ama y darán como Él da con un corazón puro, sin ninguna forma de orgullo que manche o distorsione la expresión visible de Dios.

Meditación para la Aplicación

Aparta de 15 a 30 minutos cada día para estar en comunión con Dios. Lee cada día y medita en uno de los pasajes de las Escrituras que se enumeran a continuación. Sigue estos pasos.

1. Ve a un lugar tranquilo sin distracciones.
2. Pon una canción de alabanza y escucha la letra.
3. Pídele a Dios que te revele Su corazón y Su significado mientras lees las Escrituras.
4. Escribe tus reflexiones en la parte inferior o en tu diario.
5. Lee las Escrituras diariamente para que recibas la máxima revelación.

1 Corintios 1:25 (NVI)
Lucas 3:22 (NTV)
Santiago 1:5 (RVA-2015)

Momentos de Reflexión

1. ¿En qué aspectos de tu vida luchas contra el orgullo? ¿Cómo ha afectado esto tu vida?

2. ¿Cómo han influido en tu vida el humanismo, el intelectualismo y el racionalismo? ¿Cuáles son sus fuentes? ¿Cómo han influenciado a tu familia?

3. ¿De qué manera aplicas la sabiduría de Dios en tu vida en lugar de tu propia lógica? ¿Qué puedes hacer para reconocer que Su sabiduría es superior a tus pensamientos?

Capítulo 8
Supera las Limitaciones y Prospera

El Señor anhela fervientemente que prosperemos, pero debemos tomar la decisión de recibir y establecer esta creencia. ¡Así que hoy te reto! Atrévete a establecer una mentalidad que supere todas las limitaciones que te has impuesto. Espera la prosperidad.

Una mentalidad da la capacidad y la habilidad de recibir y producir según nuestra propia visión y perspectiva. Es fácilmente ajustable y adaptable, y es muy susceptible. En otras palabras, si la visión cambia, la mente cambia. Podemos ver rojo o azul en cualquier momento dado, porque es naturalmente neutro.

Un esquema mental es una forma fija o establecida de ver y creer de una persona, que consiste en actitudes y creencias fundamentales. Estos esquemas juegan un papel importante en la forma en que procesamos y respondemos a las incertidumbres, circunstancias y desafíos de la vida. Como ya sabemos, muchos factores influyen en nuestra mentalidad individual, como nuestra educación, traumas pasados, amigos cercanos y familiares, cultura y valores fundamentales.

Las predisposiciones mentales pueden ser liberadoras y positivas, o pueden ser debilitantes y negativas. Viviremos lo que establezcamos. En cualquier caso, estar predispuesto puede tener un impacto significativo en nuestro resultado al determinar quiénes somos, qué pensamos y cómo reaccionamos y procedemos.

Religión

> *Por lo tanto, hermanos, tomando en cuenta la misericordia de Dios, ruego que cada uno de ustedes, en adoración espiritual, ofrezca su cuerpo como sacrificio vivo, santo y agradable a Dios. No se amolden al mundo actual, sino sean transformados mediante la renovación de su mente. Así podrán comprobar cómo es la voluntad de Dios: buena, agradable y perfecta.*
>
> — Romanos 12:1-2 (NVI)

Echemos un vistazo al Evangelio de Juan (ver capítulo 5) al hombre en el estanque de Betesda que había estado cojo durante mucho tiempo. Jesús le preguntó: "¿Quieres ser sanado?" Todo significa aumento. Así que Jesús estaba preguntando: "¿Quieres prosperar y crecer?". El hombre llevaba treinta y ocho años en esa condición.

Jesús se dirigió a su deseo, no a su condición física. Él estaba preguntando: "¿Quieres ser pleno?". El Señor quería saber si el hombre estaba convencido de que ya había sido sanado. Esto indica que algo ya se había cumplido.

> *Entre ellos se encontraba un hombre que llevaba enfermo treinta y ocho años. Cuando Jesús lo vio tirado en el suelo y se enteró de que ya tenía mucho tiempo de estar así, le preguntó:*

— Juan 5:5-6 (NVI)

Una vez, cuando James y yo estábamos ministrando en una pequeña aldea de África, llegó un momento en el que tuve que excusarme y salir del servicio por un momento para recuperar el sentido de la presencia de Dios. Había tanta actividad religiosa durante el servicio que, tuve que irme para encontrar el lugar donde pudiera reconectarme y volver a tener comunión con el Señor. Las personas estaban tan arraigadas en sus esquemas religiosos que, no podían ver más allá de ellos para entrar en la presencia de Dios y verlo moverse.

Para mí, esto es como el hombre en el estanque de Bethesda, que no podía ver más allá de su creencia religiosa y familiar. Pensaba que la única forma en que podía ser sanado era a través del proceso tradicional establecido. Entonces, el Hijo del Dios viviente le preguntó si quería ser sanado. Jesús rompió el molde y le dijo: "Levántate, toma tu lecho y anda".

Dios no quiere que nos quedemos estancados en nuestra confianza en los procesos religiosos y en los sistemas de creencias, especialmente si nos impiden cumplir sus propósitos. ¿Le estamos diciendo a Dios, como el hombre de Betesda, cuáles son nuestros obstáculos? No debemos permitir que nuestra religiosidad nos prive de escuchar las promesas de Dios y seguir avanzando en Su plan para nuestras vidas.

Amado, mi oración es que seas prosperado en todas las cosas y que tengas salud, así como prospera tu alma.

— 3 Juan 1:2 (RVA-2015)

¿Escuchas Su deseo apasionado por ti en este versículo? ¿Cómo no? Por encima de todas las cosas, Él desea que prosperes y tengas salud. Lo que Él está diciendo aquí es: "Estoy totalmente comprometido a que esto suceda en tu vida. No hay mayor propósito en Mi corazón que verte prosperar y tener salud, así como prospera tu alma".

En este pasaje, la palabra griega para salud significa tener salud completa. La connotación es estar bien en el cuerpo, ser incorrupto y verdadero en la doctrina, estar sano y salvo, y estar íntegro en todos los sentidos. Además de esto, la palabra griega prosperar significa tener ayuda y gran éxito.

Debemos ser capaces de ver el hermoso plan que Él tiene para nosotros, para que el dolor de ayer pueda ser liberado. Debemos recibir el poder de Su amor para que las fortalezas del rechazo y la victimización puedan ser derribadas. Y debemos saber en nuestro corazón que Dios está aquí para ayudarnos y prosperarnos, mientras decidimos cambiar nuestra forma de pensar y dejar atrás el pasado.

Tradiciones de los Hombres

Miren que nadie los lleve cautivos por medio de filosofías y vanas sutilezas, conforme a la tradición de hombres, conforme a los principios elementales del mundo y no conforme a Cristo.

— Colosenses 2:8 (RVA-2015)

Nuestras tradiciones terrenales pueden limitarnos y, por lo tanto, impedirnos prosperar de la manera que Dios quiere que lo hagamos. Por ejemplo, en el mundo de los negocios nos pueden enseñar a exaltarnos, a construir un legado que se centre en lo que queremos. Esto puede crear un engaño vano y desviarnos totalmente de los planes de Dios. Cuando ponemos a Él, Sus promesas y Sus planes en primer lugar, sentamos las bases para prosperar de la manera que Él quiere que lo hagamos.

Carnalidad

"Si te hace sentir bien, hazlo" es un dicho popular estadounidense de las décadas de 1960 y 1970. Se refiere a atender nuestros deseos humanos físicos. Mientras Dios quiere que nuestras necesidades sean satisfechas, incluidas las físicas, a veces buscamos lo que nos hará sentir bien en el momento, pero a largo plazo se convertirá en una limitación.

Imagínate a la persona que termina su estresante jornada laboral sintiéndose poco apreciada. Él o ella se siente mejor yendo a casa y gritar groseramente órdenes a su familia. A corto plazo puede sentirse bien, pero a largo plazo creará un ambiente limitante y hostil, lo que impedirá que el alma de la persona prospere de la manera que Dios ordenó. Esto es lo que hace la carnalidad. La carnalidad brinda gratificación momentánea a los deseos naturales de los hombres, pero nunca satisface la necesidad ni establece el ciclo de bendición que Dios quiere para cada uno de nosotros.

Pobreza

Una mentalidad de pobreza afecta a muchas personas, incluso en la iglesia. Algo de esto proviene de viejas tradiciones religiosas o de personas que lloriquean y se quejan, hablando demasiado de su estado de pobreza. La pobreza se presenta de muchas formas. Podría ser la falta de recursos financieros, la enfermedad constante o las malas relaciones. En cualquier caso, esto no es lo que Dios quiere. Parte del problema, es que estamos tratando de hacer las cosas a nuestra manera usando nuestro propio poder para hacerlo. Esto hace que no logremos alcanzar la bendición de la prosperidad.

Veamos lo que dice la Escritura:

> *Al contrario, acuérdate del SEÑOR tu Dios. Él es el que te da poder para hacer riquezas, con el fin de confirmar su pacto que juró a tus padres, como en este día.*
>
> — Deuteronomio 8:18 (RVA-2015)

Fíjate que el Señor nos da el poder de crear y de obtener riquezas. Entonces, ¿por qué salimos corriendo y tratamos de hacer las cosas a nuestro modo? ¿O por qué agitamos nuestro puño contra Dios y lo culpamos por nuestra falta de finanzas, relaciones o cualquier otra parte de nuestra economía? ¿Podría ser que en primer lugar no hemos buscado Su poder, sabiduría y habilidad? Tal vez, no estemos en un lugar de comunión e intimidad con Dios para poder escuchar lo que Él quiere que hagamos.

Cuando estamos preparados para hacer algo provechoso, siempre debemos preguntarnos: "¿Es esta una buena idea o una idea de Dios?". Su poder nos da poder para hacer todo lo que necesitamos hacer. ¿Puede Dios ayudarme a convertirme en abogado, artista profesional, empresario, etc.? La respuesta es cien por cien "sí", ¡y siempre es "sí"! Busca al Señor continuamente y Él te dará el poder y la sabiduría necesarios para ir más allá.

Enfermedad

¿Conoces a alguien que parece estar siempre enfermo? ¿Es porque tiene malos genes o un sistema inmunológico débil?

Podría ser, pero muchos sufren enfermedades a causa de influencias espirituales o la raíz principal. Algunos, incluso, pueden aceptar que ésta es la carga o la suerte que Dios tiene para ellos. Esto no quiere decir que las pruebas que vienen con la enfermedad o la dolencia no puedan usarse para fortalecer nuestra fe, pero Dios no quiere que aceptemos una creencia o perspectiva equivocada. ¡Jesús lo reprendió todo!
Veamos a 3 Juan y obtengamos la perspectiva correcta.

> *Amado, mi oración es que seas prosperado en todas las cosas y que tengas salud, así como prospera tu alma.*
>
> — 3 Juan 1:2 (RVA-2015)

Él quiere que prosperemos en todas las áreas, incluyendo nuestra salud. Piensa en como nuestra salud afecta todo lo demás en nuestras vidas. ¡Es esencial para la vida! Dios quiere que vivamos libres de toda forma de atadura, incluso en nuestros cuerpos.

Dios desea que prosperemos en todas las áreas. Él quiere que superemos todo lo que nos limita, y Él está esperando para ayudar. Más que nada, Él desea esa relación cercana de un padre amoroso con nosotros. La victoria no se logra a través de nuestro esfuerzo humano ni se basa en él; se logra a través del amor del Padre, que dio a Su único Hijo para que pudiéramos experimentar la plenitud de la vida.

Creencia vs. Convicciones

Una vez más, no puedo enfatizar lo suficiente la importancia de hacer un inventario de nuestras creencias en esta hora. No toda creencia que tenemos es una convicción de principios y valores.

Ciertas convicciones no valen la pena. Las convicciones individuales de una persona deben ser de gran beneficio para sí misma y para los demás; no deben ser egocéntricas. La convicción de Abraham Lincoln lo llevó a emancipar a los esclavos. La convicción de Martin Luther King lo llevó a reunir a cientos de miles de personas en Washington, D.C., para luchar por los derechos civiles. ¡La convicción de David le llevó a derrotar a Goliat! Dios nos da una convicción y la pone dentro de nuestra conciencia para que creamos mejor. Cuando recibimos una visión más elevada y creemos mejor, descubrimos y establecemos formas de vida más exitosas, efectivas y productivas. Las limitaciones se convierten en cosa del pasado, y la prosperidad se convierte en la realidad presente y la puerta al futuro.

Meditación para la Aplicación

Aparta de 15 a 30 minutos diariamente para estar en comunión con Dios. Lee cada día y medita en uno de los pasajes de las Escrituras que se enumeran a continuación. Sigue estos pasos.

1. Ve a un lugar tranquilo sin distracciones.
2. Pon una canción de alabanza y escucha la letra.
3. Pídele a Dios que te revele Su corazón y Su significado mientras lees las Escrituras.
4. Escribe tus reflexiones en la parte inferior o en tu diario.
5. Lee las Escrituras diariamente para que recibas la máxima revelación.

3 Juan 1:2 (RVA-2015)
Deuteronomio 8:18 (RVA-2015)
Colosenses 2:8 (RVA-2015)
Juan 5:5-6 (NVI)

Momentos de Reflexión

1. Piensa en el hombre del estanque de Betesda. ¿Estás actuando como él? ¿Te está diciendo Dios que "tomes tu lecho y andes", y aun así le dices que no puedes?

2. ¿Qué tradiciones humanas te limitan? ¿Cómo puedes invitar al Espíritu Santo a que te guíe por Sus caminos para evitar las trampas creadas por el hombre?

Capítulo 9
Levántate por Fe y Avanza en Victoria

Porque todo lo que ha nacido de Dios vence al mundo; y esta es la victoria que ha vencido al mundo: nuestra fe.

— 1 Juan 5:4 (RVA-2015)

Hace poco busqué al Señor, y Él comenzó a hablarme y a desafiarme a creer en algo milagroso. Me llevó a ver las situaciones, los acontecimientos y las actitudes que rodeaban a María y a Elizabeth cuando Dios envió al ángel para declarar el plan del Señor.

En Lucas capítulo uno, Dios envió al ángel Gabriel a una joven virgen llamada María, que ya estaba comprometida para casarse. El ángel anunció a María que había sido bendecida y escogida por el Señor para recibir la simiente santa de Dios y dar a luz al Mesías, el Hijo del Altísimo.

La respuesta de María a la noticia fue: "¿Cómo sucederá esto, si soy virgen?"

El ángel respondió diciendo: "¡El Espíritu Santo vendrá sobre ti! Será establecido por el poder del Altísimo".

Muchos de nosotros, como Elizabeth, sentimos que nuestros mejores días ya han pasado. Pero Dios dice: "No creas las mentiras. El mundo, la carne y el diablo te engañarán para que no veas ni escuches lo que deseo que hagas. Levanta tus ojos. Estás aquí por una razón. Si crees en Mí plenamente una vez más, concebirás algo nuevo y pasarás a la siguiente porción del pacto que es mucho mayor que la anterior".

El Señor nos estará preparando en los días venideros para algunas cosas que no tendrán sentido para nuestras mentes naturales. No tendremos la capacidad de comprender cómo se desarrollarán estas cosas, pero el Espíritu de Dios nos cubrirá con Su sombra y nos dará poder para el camino. Al igual que María, serán necesarios el valor, la fe, la obediencia y el sacrificio para llevar a cabo los propósitos de Dios. También será necesario un nuevo nivel de dedicación, para que Dios tenga la preeminencia y todas las distracciones terrenales sean eliminadas y desmanteladas.

Más bien, busquen primeramente el reino de Dios y su justicia, y todas estas cosas les serán añadidas.

— Mateo 6:33 (RVA-2015)

La fe es una sustancia del ahora. ¡Debemos concebir lo que Dios está liberando ahora! ¡Y debemos responder ahora! Hay vidas en juego y almas en riesgo. ¡Debemos escuchar y obedecer lo que Dios está diciendo AHORA! Decenas de millares, multitudes, están esperando que creamos lo que Dios dice de nosotros, para que sus vidas puedan cambiar. Escucha la voz del Señor diciendo: "Para el hombre es imposible, pero para Dios no. Porque todas las cosas son posibles para Dios".

Eleva tus expectativas y responde rápidamente al Dios de los Milagros. Él es el que hace que todas las cosas sean posibles en medio de la dificultad o el fracaso. Su poder supera la impotencia de la humanidad. Deja que el Altísimo te lleve más allá para la gloria de Su nombre. Eres el milagro de alguien.

Si tienes dificultades para confiar en Dios, pasa por alto tu mente y simplemente abre la boca. Al igual que la madre de Jesús, María, podemos tener un momento de arrepentimiento y decir: "Sin embargo, soy el siervo o sierva del Señor. Hágase en mí como Tú has dicho". Dios quiere incomodarnos y perturbar nuestra comodidad, para que muchos lo conozcan en los próximos días. ¿Se lo vas a permitir?

Un Enemigo Ha Hecho Esto

Debemos reconocer aquello que se opone a nosotros y abre la puerta para que el mal entre en nuestra esfera de autoridad. El mal viene a debilitar, arruinar y destruir el núcleo de nuestra existencia. Está sembrado en nuestros corazones para apoderarse de las áreas buenas, puras, fuertes y saludables de nuestro ser que Dios nos ha dado para vivir vidas pacíficas y prósperas. El mal es enviado, plantado y puesto en contra de la humanidad. Sé que esto puede ser una píldora difícil de tragar, pero escucha la verdad. Tenemos un enemigo real en nuestro huerto, nuestro "adversario el diablo" (1 Pedro 5:8). El enemigo provoca problemas para robar y destruir las plantaciones de Dios. No debemos permitirnos pensar que las cosas son así. En 1 Pedro vemos que el enemigo viene y planta el mal a propósito.

Sean sobrios y velen. Su adversario, el diablo, como león rugiente anda alrededor buscando a quién devorar.

— 1 Pedro 5:8 (RVA-2015)

La siguiente es otra historia que contó Jesús: "El reino del cielo es como un agricultor que sembró buena semilla en su campo. Pero aquella noche, mientras los trabajadores dormían, vino su enemigo, sembró hierbas malas entre el trigo y se escabulló. Cuando el cultivo comenzó a crecer y a producir granos, la maleza también creció". Los empleados del agricultor fueron a hablar con él y le dijeron: "Señor, el campo donde usted sembró la buena semilla está lleno de maleza. ¿De dónde salió?" "¡Eso es obra de un enemigo!", exclamó el agricultor. "¿Arrancamos la maleza?", le preguntaron. "No; contestó el amo, si lo hacen, también arrancarán el trigo. Dejen que ambas crezcan juntas hasta la cosecha. Entonces les diré a los cosechadores que separen la maleza, la aten en manojos y la quemen, y que pongan el trigo en el granero".

— Mateo 13:24-30 (NTV)

Sobre todas las cosas cuida tu corazón, porque este determina el rumbo de tu vida.

— Proverbios 4:23 (NTV)

Sobre todas las cosas cuida tu corazón, porque este determina el rumbo de tu vida. Evita toda expresión perversa; aléjate de las palabras corruptas. Mira hacia Adelante y fija los ojos en lo que está frente a ti. Traza un sendero recto para tus pies; permanece en el camino seguro. No te desvíes; evita que tus pies sigan el mal.

— Proverbios 4:23-27 (NTV)

Entonces, ¿qué es el mal? El mal es cualquier cosa que trabaje en contra de cualquier parte de tu identidad, salvación, propósito divino o prosperidad. Tenemos un verdadero enemigo que está continuamente trabajando en contra de nuestra herencia a través de Cristo. El ladrón viene a robar, matar y destruir, pero

Jesús vino para que tengamos vida; sí, vida abundante (Juan 10:10).

Armas del Enemigo

El diablo quiere debilitarnos. Él hace esto, al hacer que tengamos un corazón dividido que produce doble ánimo, cuestionando continuamente la voluntad de Dios como lo hizo Eva. En los siguientes párrafos he enumerado algunas formas comunes en que el diablo hace esto.

1. Engaño: el engaño crea un corazón dividido que impide que las personas se muevan hacia el plan que tiene Dios para sus vidas. Pero Dios capacita a las personas para vencer el engaño y oponerse a él. Cuanto más podamos oponernos al mal, más completos seremos dentro de nuestras almas, lo que finalmente establecerá corazones indivisibles dentro de nosotros.

2. Distracción: la distracción crea un corazón dividido, dolor, rechazo, ofensa y ambiciones, y deseos que no se alinean con los deseos de Dios.

3. Religión: la religión controla el movimiento. Bloquea nuestro propósito y prosperidad al hacer que nos sintamos cómodos con una forma de piedad que niega el poder. La palabra negar, significa oponerse, rechazar, negarse o vetar.

Sin embargo, Jesús dijo en Lucas 10:18-19 (NVI): " Yo veía a Satanás caer del cielo como un rayo. Y Yo os he dado autoridad para pisotear serpientes y escorpiones, y vencer todo el poder del enemigo; nada os podrá hacer daño. Este es el poder, la posición y el acceso que se te da como hijo o hija de Dios.

Escucha lo que Pablo escribe en Gálatas:

Así que ya no eres esclavo, sino hijo; y como eres hijo, Dios te ha hecho también heredero.

— Gálatas 4:7 (NVI)

Recuerdo una época en la que mi esposo y yo escuchábamos sermón tras sermón y profecía tras profecía, y mi esposo, que estaba luchando con su fe y muy desanimado durante ese tiempo, se volvía hacia mí y me decía: "Sí, pero no significan nada de eso para nosotros". Decía esas cosas, porque había experimentado mucho dolor y decepción en los años más jóvenes de su vida por parte de líderes de confianza y figuras en autoridad.

Me agitaba profundamente. Me enojaba mucho cuando decía eso porque yo pensaba para mí: "Yo no me apunté a una vida en la que Dios me pasara por alto. Tampoco decidí ponerme en la fila en la que las promesas de Dios no se cumplirían y mi fe sería completamente ignorada. Entré en un pacto con el amante de mi alma, el Dador de Vida. ¡Rechacé toda forma de decepción y falsedad para avanzar hacia la plenitud y grandeza de Su amor! Elegí la porción más grande... ¡La mejor manera! Elegí vivir y no morir".

Un día el Señor dijo: ¡Seré exaltado! Escoge hoy a quién servirás. Si continúas sirviendo a las pequeñas zorras y te aferras a esas pequeñas ofensas que estás eligiendo magnificar, te entregaré a tu elección y servirás a esas zorras en el futuro. ¡Yo soy más grande y seré exaltado! Tendré un pueblo que me enaltezca y glorifique Mi nombre. Si me eliges a Mí, te llevaré a la parte llamada MÁS".

*Muéstrame la senda correcta, oh Señor;
señálame el camino que debo seguir. Guíame
con tu verdad y enséñame, porque tú eres el
Dios que me salva. Todo el día pongo en ti mi
esperanza.*

— Salmo 25:4-5 (NTV)

Dios está más comprometido con nuestro destino que nosotros mismos. Él tiene un plan asombroso para nuestras vidas, y Él es implacable con respecto a que caminemos en la plenitud de ese plan. ¡Vi algo tan profundo recientemente que me hizo correr alrededor de mi casa! Estaba teniendo un momento profundo de Dios, y luego Dios me mostró el cielo. Literalmente vi cómo el cielo azul se transformaba en los colores del arco iris. El Señor dijo: ¡Has cruzado al reino del Sí y el Amén! Ya no dirás que el cielo es el límite, porque ahora los cielos, el firmamento, se están moviendo a tu beneficio y trabajando a tu favor.

¡Se han removido las limitaciones!

Así que escúchame. Si escuchas a Dios Padre decir: "No", es porque Él te está guiando o manteniéndote en el reino del Sí y el Amén. Él no te está rechazando ni ocultando nada. Es todo lo contrario. Él te está asegurando en el camino de la victoria para que puedas experimentar la belleza y la gloria del triunfo.

Pero ustedes, mis queridos hijos, pertenecen a Dios. Ya lograron la victoria sobre esas personas, porque el Espíritu que vive en ustedes es más poderoso que el espíritu que vive en el mundo.

— 1 Juan 4:4 (NTV)

¿Cómo es la Fe?

La fe es un poder victorioso que triunfa sobre todo el mundo, sus condiciones y sus circunstancias. Tiene muchas aplicaciones y atributos. La fe se libera a través de la esperanza y la expectativa de que ocurra alguna forma de cambio o avance a favor de un individuo o una situación. Para el creyente, la fe se demuestra a través de pruebas y tribulaciones y experiencias, sabiendo que Dios nunca nos fallará ni nos abandonará. Por muy sombrías que parezcan las circunstancias, Dios está con nosotros. Como dice en 1 Juan 5:4, la fe en Dios es el poder que tenemos para vencer al mundo en cualquier situación.

Toma Autoridad por Fe

David tomó la autoridad que Dios le había dado, y por fe se movió de una manera nueva y creó un nuevo orden. El rey David llevó el Arca del Pacto a Jerusalén y lo colocó entre el pueblo. Él no se atuvo al viejo sistema de colocar el Arca en un templo. En lugar de eso, lo colocó dentro de una tienda entre el pueblo y, luego ofreció holocaustos y sacrificios al Señor, sin el sacerdocio. Esto estableció un nuevo orden de adoración.

A Dios le agrada cuando utilizamos nuestra autoridad, y Él aumenta nuestra jurisdicción. Jehú era el comandante del ejército de Israel, a quien Dios ungió para hacer frente a los espíritus malignos que gobernaban la tierra. El Señor vio que Jehú no toleraba el mal y estaba dispuesto a confrontar y a dar muerte a aquellas cosas que eran contrarias a la voluntad de Dios. Dios busca a aquellos que Él puede enviar para derribar fortalezas y establecer Su altar en los lugares o territorios a donde Él les ha enviado.

Cuando nos enfrentamos al espíritu de religión, la tradición y la cultura para establecer el Reino de Dios en la vida y el corazón de las personas, debemos usar nuestra autoridad. Nehemías usó su autoridad e influencia para construir lo que Dios le estaba llamando a construir. Dios le dio a Nehemías la autoridad, el plan y los recursos para reconstruir el muro y restablecer el orden de Dios en la tierra. Tenemos que estar dispuestos a dar un paso adelante y asumir nuestra autoridad para restaurar el orden de Dios en nuestros hogares, lugares de trabajo, establecimientos públicos e iglesias. El mal será desplazado cuando hagamos esto.

Separados por la Fe

Andar por fe, exige un nivel de obediencia poco común que, nos aparta de las actividades humanas tradicionales y de los hábitos terrenales, según las instrucciones del Señor. Jesús llamó a los doce discípulos y les pidió que dejaran todo atrás. Abraham dejó una vida lujosa y cómoda en Ur para seguir el llamado de Dios. Literalmente, recogió todo y a todos y emprendió un viaje, sin saber completamente dónde terminaría. Sin embargo, estaba dispuesto a seguir el camino del Señor. Sus descendientes también fueron llamados a encomendar su camino al Señor. Sus vidas estuvieron claramente marcadas por el pacto de Dios, pero su fe en obedecer los diferenció de todos los demás pueblos y naciones.

Todos hemos tenido experiencias en el desierto, donde debemos depender del Espíritu para que nos guie. Jesús fue llevado al desierto para que pudiera ver el poder abrumador de Dios. La primera lección de Jesús para nosotros es que podemos vencer al diablo, inclusive en nuestra temporada en el desierto.

Jesús fue bautizado y Dios tronó desde el cielo: "Este es mi Hijo amado, en quien tengo complacencia." Mateo 17:5 (RVA-2015). Este fue el anuncio de la posición y el estatus de Jesús al mundo entero por parte del Padre celestial. Sin duda, Jesús se sintió emocionado por esta afirmación. Imagínate si Dios dividiera los cielos y dijera esto acerca de ti. ¡Estarías en la cima del mundo!

Todo lo que Jesús hizo fue una demostración para que nosotros lo siguiéramos. En la experiencia de Jesús en el desierto, lo vemos enfrentándose al diablo para que sepamos cómo vencerlo. Jesús no comenzó mostrándonos señales, prodigios y milagros. En cambio, comenzó demostrando cómo enfrentar al diablo, lo que señala su importancia. Es probable que las fortalezas de la oscuridad, las maldiciones generacionales, los ciclos inicuos y las raíces malignas, se reproduzcan cuando no lidiamos con los poderes demoniacos que trabajan en contra de nosotros.

Cuando asumimos nuestra autoridad y nos enfrentamos al diablo, debemos decir:

"Quebranto tu poder".

> *Por la fe habitó como extranjero en la tierra prometida como en tierra ajena, viviendo en tiendas con Isaac y Jacob, los coherederos de la misma promesa.*
>
> — Hebreos 11:9 (RVA-2015)

Fe en la Incertidumbre

Hace algunos años, en un pequeño televisor antiguo en Tallulah, Luisiana, vimos cómo el huracán Katrina entraba en el Golfo de México. Y horas después, vimos cómo Katrina arrasaba con nuestras casas, escuelas y lugares de trabajo, cuando los diques de Nueva Orleans comenzaron a romperse. Fue muy difícil ver cómo todo nuestro sustento desaparecía, ya que toneladas de agua fangosa seguía entrando a la ciudad. Recuerdo vívidamente cuando entré en la cocina de la vieja casa donde habíamos ido a refugiarnos. Miré a través de la ventana el cielo oscuro y, con lágrimas cayendo por mi rostro, le pregunté al

Señor: "¿Por qué está sucediendo esto? ¿Qué estás haciendo?".

Él dijo: "Estoy respondiendo a tus oraciones".

Pensé largo y tendido en las oraciones que había hecho anteriormente. No podía creer que alguna vez hubiera pedido por la devastación que estaba presenciando. Durante el tiempo de la evacuación, busqué al Señor de una manera nueva. La vida había cambiado por completo, lo que me hizo hacer todo de manera diferente. Más tarde, me di cuenta de que las oraciones que el Señor dijo que estaba respondiendo no eran oraciones por destrucción, sino oraciones por un cambio drástico que hiciera que se revelara nuestro propósito y la senda de nuestro destino.

En ese momento, tomamos a nuestros tres hijos y nos mudamos a una casa de ruedas de dos habitaciones que estaba ubicada en una granja, en un pueblo del cual nunca había oído hablar en toda mi vida. La civilización, por así decirlo, parecía muy lejana. Mientras buscaba la ayuda de Dios, Él comenzó a hablarme claramente. Desarrollé un nuevo nivel de intimidad con Él. Se reunía conmigo a diario en esos campos. A mi familia y a mí nunca nos faltó nada mientras estuvimos allí.

¿Fue fácil? ¡De ninguna manera! Cada día era un nuevo día de ajuste. Solo la gracia de Dios nos ayudó a superarlo. Nos quedamos en ese pueblecito cuatro meses. Luego empacamos y regresamos a Nueva Orleans para ocuparnos de las ruinas.

Cuando regresamos, el Señor comenzó a mostrarme un paralelismo significativo entre el proceso de demolición y la reconstrucción de nuestro hogar, con lo que Él estaba haciendo en nuestras vidas. Nos reveló que la vida que habíamos estado viviendo anteriormente era como construir una casa sobre un cimiento defectuoso o incorrecto. Antes de esta revelación, no nos habíamos dado cuenta de que habíamos comenzado a conformarnos sutilmente y a vivir de acuerdo con las palabras de los hombres, en lugar de escuchar y prestar atención a la voz de Dios. En resumen, habíamos estado viviendo una mentira.

Me gustaría decir que después de eso fue más fácil, pero no fue así. El Señor nos llevó a través del Valle de la Sombra de Muerte, donde las personas y las cosas que yo amaba profundamente murieron y desaparecieron inesperadamente. Él permitió que nos sucedieran ciertas cosas a mí y a mi familia que, incluso ahora, siguen siendo indescriptibles, pero estuvo con nosotros todo el camino. Eso es lo que importaba. No permitiría que nada nos alcanzara. Pronunció palabras de verdad, que nos fortalecieron y nos consolaron, mientras el enemigo continuaba causando estragos y haciendo la guerra contra nosotros. ¡Pero Dios no nos falló ni una sola vez!

El Señor me fortalecía a diario. En medio del caos y la confusión, Él nos enseñó la realidad de la guerra espiritual y Su poder vencedor. Él fortaleció a mi familia y nos libró de las armas masivas del mal, y todavía lo está haciendo. Él trajo justicia y triunfo, y nosotros nos regocijamos. ¡Dios prevaleció!

La Fe Obra por el Amor

Pues, una vez que depositamos nuestra fe en Cristo Jesús, de nada sirve estar o no circuncidado. Lo importante es la fe que se expresa por medio del amor.

— Gálatas 5:6 (NTV)

La fe obra por el amor, y el perfecto amor echa fuera todo temor. Nuestro nivel de relación íntima determinará nuestro nivel de fe. Cuando nos comprometemos a caminar con Dios, caminamos con una expectativa confiada, sabiendo que somos grandemente favorecidos por el Señor Dios Todopoderoso, que ha establecido Su pacto con nosotros y nos está llevando a un lugar ensanchado.

El amor y la guerra van de la mano; nunca lucharemos efectivamente por aquello que no amamos. Si realmente amamos algo, lucharemos por ello. No podemos amar algo por lo que no estamos dispuestos a luchar. Jesús nos amó lo suficiente como para enfrentar al diablo y derrotarlo.

Nuestra acción de fe debe basarse en una fuerte relación con Dios. Debemos confiar en que Él nunca nos dejará ni nos abandonará. Él siempre estará ahí, y nos dará lo que necesitamos para mantenernos firmes en la fe y hacer las obras que estamos llamados a hacer.

Hace años escuchaba a los "predicadores de la fe" que, afirmaban que podemos mover montañas si solo tenemos fe.

Ellos decían: "Tienes tan poca fe, y eso te ha colocado en el lugar en el que estás". Me sentí condenada en mi relación con Dios. Llorando en el coche, clamando a Dios, le conté todo lo que estaba haciendo para edificar mi fe.

Entonces le pregunté: "¿Cómo obtengo fe?".

Él respondió: "Robyn, ¿crees que te amo? ¿Crees que te amo lo suficiente como para morir por ti? Si crees en Mi amor por ti, entonces tienes fe en Mí. No tienes poca fe. Deja de creer eso. Haré todo lo que pueda para apoyarte y establecer tu fe".

¡Dios estaba construyendo fe para la fe! En ese momento no tenía ni idea de que "la fe obra por el amor" es una Escritura de la Biblia (ver Gálatas 5:6). Dios me lo demostró a través de esa conversación. Si crees que te amo tanto, hija Mía, tienes fe.

Cuando llegué a Gloria de Sion muchos años después, escuché un domingo al Dr. Chuck Pierce decir: "La fe obra por amor. Eso es lo que dice la Biblia". ¡Fue entonces cuando me di cuenta de que el principio que Dios me había enseñado era una Escritura! La intimidad con el Señor edifica la fe. Para luchar contra el maligno, tenemos que someternos a Dios, crecer en la relación y luego actuar.

Sométanse, pues, a Dios. Resistan al diablo,
y él huirá de ustedes.

— Santiago 4:7 (RVA-2015)

Tenía que confiar en Dios y aceptar que Su plan para mí incluía el matrimonio. Al principio no quería casarme porque no confiaba a la gente mi corazón. Sin embargo, el plan de Dios era más grande que mi propio plan. Dios siguió poniendo a James en mi camino. No importaba cómo me sintiera al respecto, Él continuó apegándose a Su plan. Continuaba topándome con James porque Dios nos estaba uniendo.

¡Esto me asustó! Nunca había visto el matrimonio como parte de mi vida. Pensé que era para mujeres débiles, debido a los ejemplos erróneos que había presenciado mientras crecía. Los hombres parecían causar que las mujeres fueran débiles, y yo temía ser débil. Incluso intenté poner a James en contacto con otras mujeres.

Pero cuando el Señor me dijo que me iba a unir con mi esposo, dijo que pondría amor en mi corazón por James. Tuve que someterme a un plan diferente al mío. Tenía que superar mi propia mente. Me estremezco al pensar en lo que habría sucedido si no me hubiera sometido al plan de Dios. Dios nos unió fielmente en matrimonio y nos ha guardado todos estos años. Él puso a James en mi vida para que, tanto James como yo, pudiéramos cumplir lo que estábamos llamados y destinados a hacer como uno solo.

La Fe Lleva a la Acción

Decidí seguir a Dios y no resistirme a una relación con James, lo cual es un ejemplo de que mi fe finalmente me llevó a la acción correcta. Jesús le dijo a Pedro que demostrara su amor por el Señor tomando la acción de apacentar a Sus ovejas.

Le dijo por tercera vez: Simón hijo de Jonás, ¿me amas? Pedro se entristeció de que le dijera por tercera vez: "¿Me amas?". Y le dijo: Señor, tú conoces todas las cosas. Tú sabes que te amo. Jesús le dijo: Apacienta mis ovejas.

— Juan 21:17 (RVA-2015)

Este es un ejemplo de fe que obra por el amor. El Señor le estaba diciendo a Pedro: "Si me amas, esto es lo que harás".

El amor es una acción de fe que está ligada a una fuerte esperanza o creencia. Crea una profunda convicción que nos inspira a hacer todo lo que Dios nos pide. Tenemos verdadero éxito en nuestra fe al obedecer cada palabra que sale de la boca de Dios. Podemos confiar en el amor de nuestro Padre celestial. Aun cuando las situaciones sean incómodas, podremos caminar en la confianza de nuestro convenio, sabiendo que Él ordenará nuestros pasos y cumplirá Su voluntad. No importa lo que enfrentemos, cosecharemos los beneficios de tener a Dios de nuestro lado.

La acción de Fe de una Madre que Ora

Un querido amigo en Cristo, compartió esta historia de cómo la acción de fe de su madre abrió la puerta para un cambio en su vida. Su vida fue totalmente transformada debido a su acto de fe.

> En abril de 2005, mi mamá y yo asistimos a una conferencia anual de atalayas proféticos en Florida, organizada por un líder del movimiento profético. Un conocido profeta fue el último orador de la conferencia, que terminó un sábado en la tarde, tres horas antes de que yo tomara un vuelo.
>
> Mi mamá y su mejor amiga habían ido conduciendo a Florida para asistir a la conferencia para poder llevarme al aeropuerto de Pensacola. Cuando llegó la hora de irnos, mi mamá me miró con una mirada profunda y perpleja, como si estuviera a punto de hacer algo loco.
>
> Le dije: "No, mamá. No lo hagas".
>
> Ella dijo: "Se supone que el profeta que habló al final de la conferencia te llevará al aeropuerto".
>
> Le dije: "¡No, absolutamente no! ¡Él no nos conoce muy bien! ¡No me avergüences, mujer!".

Me tomó de la muñeca y me arrastró hasta el frente para hablar con el profeta. Obviamente tenía una fila de personas esperando para hablar con él, pero esperamos pacientemente. Esperé detrás de ella como un cachorro avergonzado.

Cuando llegó nuestro turno de hablar con él, ella dijo audazmente: "Mi hijo necesita que lo lleven al aeropuerto, ¿podría viajar con usted, si no le supone ninguna molestia?".

El hombre no dudó y dijo: "Sí. Sigue a mi asistente y quédate con él hasta que estemos listos para partir".

Viajar con este profeta al aeropuerto me dio la oportunidad de conocerlo y contar mi historia. Unos meses después de eso, estaba en un lío financiero que me superaba. Una vez más, mi mamá llamó audazmente al hombre y le dijo que se pusiera en contacto conmigo para que pudiera ayudarme.

Mamá siempre se aseguró de que tuviera un padre en mi vida. Traté de hacer las cosas por mi cuenta, pero necesitaba a alguien que me guiara.

Lo primero que dijo el hombre cuando entré en su oficina por primera vez fue: "Necesitas un padre en el espíritu, y necesitas un padre en el mundo".

Mi padre biológico siempre estuvo ahí, pero solo podía llevarme hasta cierto punto. Este profeta se convirtió en el padre que necesitaba para cumplir mi destino.

Si la madre de mi amigo no hubiera tomado una acción llena de fe, su vida no habría estado alineada con el plan de Dios para él. Las acciones de fe son pasos audaces que Dios nos lleva a tomar para ver Su poder y bondad obrando en nuestras vidas.

Viviendo la Vida Abundante

Recientemente estuve estudiando el concepto de vida abundante que se menciona en Juan 10:10. La Escritura dice:

> *El ladrón no viene sino para robar, matar y destruir. Yo he venido para que tengan vida, y para que la tengan en abundancia.*

> — Juan 10:10 (RVA-2015)

La palabra griega para tener, cuando se refiere a tener vida abundantemente, significa retener, mantener o poseer. Vida abundante significa: en plenitud, en el sentido de exceder, superabundante en cantidad, superior en calidad, excesiva por implicación, exuberante, excesivamente, abundantemente, por encima de más, y altamente más allá de toda medida.

La raíz griega, que en la Palabra es abundante, proviene y significa todo alrededor, por todos lados. Esto es lo que Dios quiere para todos nosotros. ¡Dios estaba hablando de un deseo mucho más allá de lo que cada uno de nosotros puede imaginar por sí mismo! Él está declarando: "¡He venido para que poseáis, sostengáis y guardéis una medida exuberante de vida sobreabundante!".

Esto está más allá de nuestra comprensión o nivel humano de comprensión. Dios solo quiere que le creamos, que nos dejemos envolver en Él, que nos sometamos a esta nueva verdad, camino y dirección. Dios quiere mucho más para nosotros; donde estamos ahora no lo es.

Cuando estaba ministrando en Lafayette, Luisiana, conocí a alguien que dudaba del llamado de Dios en su vida. Le pregunté: "¿Y si eres la próxima Ester? ¿Puedes creer en Dios por lo que necesitas para convertirte en la próxima reformadora de tu generación?".

Ella me miró con fe cautelosa y dijo: "Sí".

Él es el Dios de lo imposible. Él crea y provee a nuestras vidas posibilidades ilimitadas, incluso cuando parecen imposibles para la mente humana. Nuestras expectativas de Dios nunca deben limitarse a lo que podemos pensar o imaginar que Él hace. Debemos invocarle con expectativas, para que muestre las maravillas de Su poder que van más allá de nuestra comprensión.

No digas: "Devolveré el mal". Espera al SEÑOR y él te salvará.

— Proverbios 20:22 (RVA-2015)

Hay momentos en los que tratamos de averiguar cómo Dios va a hacer algo. Sin embargo, debemos estar tan sometidos que no cuestionemos el cómo. Debemos confiar en Él y esperar que Él cumpla lo que prometió. Los que confían en el Señor serán como el monte Sion; no se moverán. Seguir Su sabiduría y mandamientos nos da el poder de permanecer firmes en la fe y en la autoridad.

Usar nuestra autoridad también es un acto de fe. Cuando Jehú fue ungido por el joven profeta Eliseo, le declaró que ahora iba a ser rey de todo Israel y que había sido escogido para traer destrucción sobre la casa de Acab y la reina Jezabel. Inmediatamente, salió contra ellos y ejecutó el juicio tal como había sido ungido y ordenado que hiciera. Tenía que librar a la tierra de sus malas prácticas porque estaba operando dentro de sus límites.

En cada lugar donde el Señor nos llama, Él requiere que establezcamos límites. Por ejemplo, deberíamos ser capaces de decir: "Aquí es donde trabajo o habito, o esto es lo que superviso y cuido". Esta identificación define nuestra línea divisoria. Abraham tuvo que poner límites. David tuvo que poner límites. Jehú tuvo que poner límites. Esto es lo que hizo que tomaran el dominio y cumplieran los propósitos de Dios.

A menudo, no estamos parados donde Dios nos ha posicionado, porque no hemos ejercido la autoridad que se nos ha dado para establecer con éxito la paz, la productividad y la prosperidad dentro de nuestros límites. Debemos marcar nuestro territorio para que los demás, especialmente los adversarios, sepan que están bajo nuestra jurisdicción. Nuestra supervisión o vigilancia no tendrá éxito si no usamos nuestra autoridad. Es por eso por lo que tantos en el cuerpo de Cristo han sido debilitados y saqueados. No han trazado la línea divisoria. No han dicho: "¡Esto es lo que me pertenece!"

Establecer límites, nos hace que establezcamos, protejamos y mantengamos el orden de lo que se nos ha delegado. Cualquier mal que cruce ese límite se encontrará con un rudo despertar. Debemos darnos cuenta de que Satanás está constantemente invadiendo nuestro hogar, nuestro lugar de trabajo y la vida de nuestros hijos. Debemos elevarnos en autoridad y establecer un punto de parada, levantando nuestras voces y diciéndole: "¡No tienes lugar aquí!".

Rosa Parks, de 42 años, sabía cómo mantenerse en su autoridad como mujer de raza negra en 1955. Cuando le pidieron que cediera su asiento de "sección de color" en el autobús, reconoció que alguien estaba cruzando la línea y se negó a hacerlo. Aunque fue arrestada, juzgada y declarada culpable de violar las leyes de segregación, este incidente inició un gran impulso que hizo que la Corte Suprema dictaminara un año después que la segregación en los autobuses es inconstitucional. Esto es lo que significa trazar la línea, marcar nuestros límites y mantenernos en nuestro lugar.

Recuerda lo que el Señor le dijo a Josué cuando lo comisionó por primera vez:

Mi siervo Moisés ha muerto. Ahora,
levántate, pasa el Jordán tú con todo este
pueblo a la tierra que yo doy a los hijos de

Israel. Yo les he dado, como lo había prometido a Moisés, todo lugar que pise la planta de su pie. El territorio de ustedes será desde el desierto y el Líbano hasta el gran río, el río Éufrates, toda la tierra de los heteos hasta el mar Grande, donde se pone el sol. Nadie te podrá hacer frente en todos los días de tu vida. Como estuve con Moisés, estaré contigo; no te dejaré ni te desampararé.

— Josué 1:2-5 (RVA-2015)

Dios nos dice lo mismo en esta hora. La tierra es tuya. Dondequiera que pongas tus pies, es tuyo.

Debemos establecer límites claros para poder expulsar al enemigo. Si no establecemos límites, ¿cómo podremos eliminar legítimamente al adversario que traspasa? Si no hemos establecido límites, ni siquiera sabe que está invadiendo la propiedad. ¡Le hemos dado acceso completo!

Como dije antes, el diablo está invadiendo todos los espacios que puede. Si es tu esfera de influencia, entonces eres el único que puede desalojarlo. Traza la línea y échalo. ¡Recupera lo que te pertenece! Selah.

Meditación para la Aplicación

Aparta de 15 a 30 diariamente para estar en comunión con Dios. Cada día lee y medita en uno de los pasajes de las Escrituras que se enumeran a continuación. Sigue estos pasos.

1. Ve a un lugar tranquilo sin distracciones.
2. Pon una canción de alabanza y escucha la letra.
3. Pídele a Dios que te revele Su corazón y Su significado mientras lees las Escrituras.
4. Escribe tus reflexiones en la parte inferior o en tu diario.
5. Lee las Escrituras diariamente para que recibas la máxima revelación.

1 Juan 5:4 (RVA-2015)
Gálatas 5:6 (NTV)
1 Juan 4:16-19 (RVA-2015)

Momentos de Reflexión

1. ¿Te encuentras en un lugar de incertidumbre en este momento? Concéntrate en creer que Él tiene lo mejor para ti y dilo en voz alta en tu tiempo de oración.

2. ¿Dónde se está infiltrando el diablo en tu vida? ¿Qué límites debes establecer para mantener al diablo a raya?

3. Piensa en la audaz acción de fe de la madre en la historia que te conté. ¿Qué acción de fe audaz necesitas tomar?

Capítulo 10
Recibe Poder y Sé Renovado

Cuando era adolescente, mi mamá se volvió a casar. Sentía que ya no tenía un lugar en la vida porque su nuevo esposo quería tener una nueva familia. Al mismo tiempo, mi padre estaba al otro lado de la ciudad, viviendo con una mujer de la que se había enamorado y sus hijos. Me sentí muy abandonada y sola durante la mayor parte de mis años de escuela secundaria. Ya no sabía a dónde pertenecía.

Sabiendo lo que sé ahora, me doy cuenta de que este fue el punto de entrada para muchos comportamientos y actitudes depravadas que se asentaron en mi corazón y desviaron mi vida. Por supuesto, comencé a actuar fuera de lugar y a enredarme con personas lascivas, desviadas y moralmente en bancarrota. Pero al menos estaban presentes, eso es lo que sentía. Su presencia carente de principios proporcionaba una vía de escape a los sentimientos de orfandad por la falta de la presencia de mis padres durante ese tiempo.

No fue hasta muchos años después, que pude mirar hacia atrás y ver que había estado sumamente angustiada, lo que me había llevado a sentirme como una huérfana. El rechazo y el dolor que había sentido me hicieron sentir algo que en realidad no era cierto. Mis sentimientos habían creado una gran distorsión. Aunque me había sentido abandonada y marginada porque mis padres parecían estar preocupados, la verdad es que nunca me había quedado sin padres. Solo necesitaba a alguien que me hablara y me empoderara para saber la diferencia, para poder administrar mis emociones y aprender a responder adecuadamente.

Así es la vida para muchos de nosotros. Cada vez que nuestro sentido de normalidad, seguridad y paz se ve interrumpido, reaccionamos desde el temor. O cuando aparece inesperadamente un factor diferente o una nueva dinámica, podemos sentir una cantidad sustancial de estrés, lo que resulta en una avalancha de ansiedad emocional y pensamientos acelerados. Antes de que nos podamos dar cuenta, podríamos quedar atrapados rápidamente en una caída en picada que produce mucho más caos y confusión que la situación inicial que desató el problema.

Vemos este patrón con muchas de las celebridades de Hollywood que amamos y admiramos. Cuando comienzan sus carreras, ¡parecen estar en la cima del mundo! Millones de fans los adoran. Ganan cantidades increíbles de dinero. Pueden hacer lo que aman y viajar por todo el mundo. Entonces, de repente, ¡las cosas cambian! Escuchamos noticias desalentadoras sobre algún tipo de problema en el que se han metido porque ya no tienen vínculos con sus familias o sus sistemas de apoyo. Oímos hablar de adicciones a las drogas, estilos de vida promiscuos u otras malas decisiones.

Estas cosas perturbadoras, comienzan a tener lugar cuando hay una gran necesidad de algún tipo de guía para apoyar a la superestrella a través del minucioso proceso de hacerse famoso y administrar responsablemente ese nivel de fama. A través de las pruebas de la vida, descubrimos que tenemos necesidades reales que son esenciales para vivir una vida exitosa. Uno de esos elementos esenciales es alinearse con las personas adecuadas. Esto es clave para disipar las emociones tóxicas que llevan a las malas decisiones. Tener la conversación correcta con la persona adecuada, podría dar la perspectiva correcta para encontrar una solución y una posibilidad viables. Esta es solo una forma de superarlo.

En lugar de permitir que los sentimientos negativos reescriban nuestra historia o nos descalifiquen de nuestro camino hacia el destino, podríamos utilizar nuestra reserva de fuerza interna para gestionar nuestros pensamientos y equilibrar nuestras emociones. Cuando se gestiona el cambio, crecemos y prosperamos, transformándonos en nuevos seres. La crisis se convierte en el fertilizante para nuestra transformación.

Conviértete en un Regalo de Dios para el Mundo

Hace unos años, cuando mi familia y yo viajamos a Israel de vacaciones, tuve el privilegio de conocer a un hombre muy sabio. Inició una conversación interesante que despertó mi interés. Él dijo: "¿Quieres saber el secreto de nuestro éxito como pueblo amado de Dios? Muchos no entienden por qué somos tan prósperos y ricos. Somos prósperos gracias a Dios. Dios, con toda Su sabiduría, puso un don en nuestro interior. Nunca nos podrán robar o destruir porque está dentro de nosotros. Así que no importa lo que nuestros enemigos nos hagan, dondequiera que vayamos seguiremos prosperando porque siempre usamos nuestros dones. Incluso, aunque seamos expulsados de nuestra tierra, allá donde vayamos, la tierra prosperará porque usamos lo que Dios puso en nosotros".

El dar regalos le abre camino a un hombre, y
le conduce a la presencia de los grandes.

— Proverbios 18:16 (RVA-2015)

Esto me lleva a una verdad muy fundamental y significativa: Tienes que saber que tú eres el regalo. No pierdas el tiempo y te obsesiones tratando de descubrir y de definir tus dones, talentos o habilidades. No hay nada de malo en perfeccionar tus habilidades y talentos. Eso es realmente beneficioso y digno de elogio, pero esto es diferente. Tienes que saber que tú eres el regalo que Dios escogió para bendecir la tierra. Eres la marca que otros están esperando. Es lo que fluye de forma innata fuera de ti cuando ni siquiera estás pensando en ello. Es el flujo creativo único, las expresiones audaces y las fuertes convicciones con las que te despiertas todos los días. ¡Es lo que eres!

Sé quién eres por naturaleza. No importa lo que suceda en la vida, no permitas que nada te impida ser tu auténtico yo y usar lo que Dios ha puesto dentro de ti. Tu perspectiva, personalidad y propósito, juegan un papel muy importante en la prosperidad de tu linaje, comunidad o esferas de influencia. Todo lo que eres es capaz de llevar restauración y redención. ¡Deja que Dios te use para bendecir al mundo!

A Sus hijos e hijas se les ha encomendado llevar la luz a los lugares oscuros de la tierra. Debemos comenzar a ser, sin pedir disculpas, lo que Dios nos ha creado que seamos, de modo que el amor y la vida que llevamos dentro comiencen a sanar a los desesperanzados y a los que sufren. Las montañas se mueven, las aguas se separan y las vidas cambian para siempre cuando nos damos permiso para ser aquellos a quienes Dios puede usar.

No Te Conformes, Resuélvelo

¡No te conformes! Esta es una frase muy común que escucho hoy en día en conversaciones entre diversos grupos e individuos, seculares y no seculares. Aunque debo admitir que me sorprende más cuando lo escucho dentro de los ambientes cristianos. ¿Por qué me sorprende? Bueno, me alegro de que lo hayas preguntado. Déjame decirte por qué.

Creo que las personas bien intencionadas, de buen corazón y genuinamente preocupadas, solo quieren lo mejor para nosotros. Dicho esto, debemos ver la razón por la que les dicen a los demás "¡No te conformes!". Cuando miro a lo largo de la Biblia, este no es un tema que vea que se aborde comúnmente. "¿Por qué te conformas?" no es una frase con la que me encuentro regularmente cuando leo la Palabra de Dios. Entonces, ¿por qué hablamos de "conformarse" como si fuera una de las cosas que Dios más odia?

Jesús no tuvo que convencer a sus discípulos de que no se conformaran. Nadie tuvo que convencer a Pablo, Pedro, Santiago o Juan de que no se conformaran. Incluso en el Antiguo Testamento, cuando el Señor habló a los israelitas y les dijo que no se casaran con mujeres de otras naciones, no hablaba de conformarse. Le dijo a su pueblo que no se mezclara con los extranjeros porque apartarían sus corazones del Señor para seguir a otros dioses. No quería decir que de alguna manera se estuvieran conformando con menos.

Eso es lo que hace el concepto de "conformismo". Implica que una cosa es mayor que la otra, o que una persona es de alguna manera más valiosa que otra. Esta no es la perspectiva de Dios. La razón por la que no vemos que se use este tipo de lenguaje o que se fomente este concepto en la Biblia, es simplemente porque es una forma errónea de ver a las personas o situaciones. Nos hace hacer juicios erróneos.

Dios ve el bien y el mal, la vida y la muerte, la luz y las tinieblas. Él ve la luz de la verdad y la máscara del engaño, y ve cómo cada una de ellas influye en los corazones de Su pueblo. Como Creador y progenitor de todo, Él no ve el mundo según los estándares de los hombres. Él lo mira a través de Sus propios lentes y juzga todo según Su orden y diseño justos.

Como he dicho anteriormente, Sus caminos no son nuestros caminos. Sus normas producirán todo lo que Él ha prometido. Entonces, ¿cuál es Su orden? ¿Cuál es Su respuesta a la cuestión cultural de "conformarse"? ¿Cómo superamos y sabemos que no nos estamos conformando o procesando la vida desde una perspectiva fallida?

Veamos a Abraham. Romanos 4:16-17 se refiere a Abraham como el ejemplo y padre de la fe. Por lo tanto, si queremos recibir el mejor resultado para cualquier decisión o acción que tomemos, debemos mirar al padre de la fe. Recibió todas las promesas que Dios le hizo y lo consideró fiel.

Abraham creyó contra toda esperanza, de modo que vino a ser padre de muchas naciones de acuerdo con lo que le había sido dicho: Así será tu descendencia.

— Romanos 4:18 (RVA-2015)

Veamos de nuevo lo que acabamos de leer. Abraham creyó en la promesa de Dios y confiadamente esperaba que Él la cumpliera. Sin dudar ni vacilar, él creyó la palabra de Dios. Y como resultado, se convirtió exactamente en lo que Dios prometió, el padre de muchas naciones. ¡Guau!

Lo único que Abraham tenía que hacer era seguir las instrucciones y recibiría el cumplimiento de cada promesa que Dios le había hecho. Creyó en Dios lo suficiente como para responder con fe y obediencia fiel.

Si tan solo me obedecen, tendrán comida en abundancia.

— Isaías 1:19 (NTV)

El principio que aprendemos aquí es que cuando obedecemos al Señor, recibimos lo mejor para nuestra vida. Nunca tenemos que preocuparnos por conformarnos con menos, cuando creemos en Su palabra y obedecemos Sus directivas. Sus palabras de instrucción nos dan el camino hacia la vida abundante que Él prometió. En Deuteronomio 28, la Palabra de Dios describe una lluvia de bendiciones para aquellos que son obedientes. Dios promete bendecir al ser humano, el fruto de su vientre, sus graneros, canastas, ganado, almacenes y tierras. Promete destruir a sus enemigos y colocarlos siempre como la cabeza y no la cola. Declara a los cielos y a la tierra que aquellos que obedecen cuidadosamente estarán para siempre en la cima y nunca abajo. Sus palabras son enviadas para establecerlo. Dios nunca se conforma cuando concede bendiciones a Sus hijos. ¡Es más que generoso!

Además, aseguremos de no olvidar uno de los factores clave del éxito de Abraham: ¡Abraham esperaba que Dios cumpliera Su palabra! Debemos permitir que Sus promesas se establezcan en nuestros corazones y se conviertan en el combustible que nos impulsa a obedecer, incluso cuando no queremos. Si practicamos la confianza en el Padre y aceptamos Su palabra, podremos esperar con confianza que Él hará exactamente lo que dijo. Así es como resolveremos el asunto y superaremos el temor o la tentación que viene con el concepto de conformarse. Mantente expectante y el Señor traerá la manifestación.

Sirve al Más Grande que Hay en Ti

Hace poco estaba sentada en la mesa de mi cocina, tomando mi café matutino. Este es el momento en el que me tranquilizo para tener un tiempo de paz y comunión con el Padre. En ese momento, Él me habló algo tan profundo que me hizo cuestionar y considerar mis verdaderas creencias internas. Él preguntó: Robyn, ¿confías en Mí?

Rápidamente respondí: "¡Por supuesto que confío en Ti! Puedes hacer cualquier cosa".

Luego me hizo otra pregunta. ¿Confías en Mí para que sea igual de poderoso dentro de ti?

En ese momento, tuve que evaluar honestamente mi corazón y mirar la verdad. Mi respuesta fue "no". Él sabía la respuesta antes de hacer la pregunta.

Sin embargo, ¿por qué fue así? Conocía la mayoría de las Escrituras que describen y declaran claramente todo lo que Dios puede hacer a través de vasijas débiles y de barro como yo. Rápidamente recordé 1 Juan 4:4, Efesios 3:20, Lucas 10:19 y 2 Corintios 4:7. Entonces, ¿por qué estaba luchando en esta área?

> *Ahora tenemos esta luz que brilla en nuestro corazón, pero nosotros mismos somos como frágiles vasijas de barro que contienen este gran tesoro. Esto deja bien claro que nuestro gran poder proviene de Dios, no de nosotros mismos.*
>
> — 2 Corintios 4:7 (NTV)

La verdad es que me estaba centrando en mis propias fuerzas, no en las de Dios. Estaba considerando mi capacidad limitada y no el poder y las habilidades ilimitadas de Dios. Dios me mostró lo peligroso que puede ser esto cuando hay tanto en juego. Necesitamos Su poder y Su autoridad sobrenaturales para completar cada asignación a la que el Señor nos llame. ¡Nuestra fuerza y poder no pueden cumplir con el llamado sobrenatural de Dios!

En el mundo de hoy, cuando la sociedad está profundamente equivocada y llena de distorsiones, no podemos darnos el lujo de mirarnos a nosotros mismos de una manera carnal. ¡Esto es algo que debemos superar! De momento a momento, debemos practicar el recordarnos contantemente que Dios habita dentro de nosotros para que Su plan de pacto se establezca. Él está morando dentro de nosotros con el único propósito de llevar a cabo Su obra a través de nosotros. Cuando caminamos confiadamente con el Señor y buscamos Su reino por encima de todas las cosas, podremos caminar en Su justicia y hacer con valentía lo que Él nos ha llamado a hacer, sin vacilación.

Debemos servir a Sus propósitos en espíritu y en verdad. Como se dijo en un capítulo anterior, cuando estamos de acuerdo con la verdad de Dios, somos capaces de liberar Su poder y presencia en cualquier situación. No podemos creer lo que los demás dicen de nosotros o lo que decimos de nosotros mismos y ser poderosos al mismo tiempo. Gran parte de esas palabrerías tienen motivaciones demoníacas. No debemos dar lugar a nada que nos impida vivir en el poder de la verdad de Dios, que ya está obrando dentro de nosotros.

No debemos prestar atención a nada que nos impida creer en el poder de 1 Juan 4:4 (NTV), que dice:

> *Pero ustedes, mis queridos hijos, pertenecen a Dios. Ya lograron la victoria sobre esas personas, porque el Espíritu que vive en ustedes es más poderoso que el espíritu que vive en el mundo.*

Cuando permanecemos en Cristo, Él permanece en nosotros. Lo que somos con el Señor es muy diferente a lo que somos sin Él. Deja que tus raíces profundicen en esta verdad. En Él, somos brillantes, poderosos y totalmente capaces de hacer cualquier cosa que estemos llamados a hacer. Si alguna vez nos permitimos creer que somos inadecuados, incompetentes o incapaces, caeremos en mentiras que debilitarán nuestra identidad espiritual y nos harán proceder con una visión muy distorsionada. La verdad siempre nos dará poder, y las mentiras continuarán debilitándonos. Toma la decisión de creer en Dios, y convertirte en la persona que estabas predestinado a ser antes de que la tierra conociera tu nombre. Esta es mi oración por ti:

Oro para que nunca dejes de vencer y continues frustrando los planes del diablo. A medida que te levantas y entras en una nueva vida, que tus palabras sean eficaces, que tus obras sean fructíferas, que tu fuerza sea sobrenatural y que tus recompensas sean abundantes. En el nombre de Yeshúa. Amén.

Meditación para la Aplicación

Aparta de 15 a 30 minutos diariamente para estar en comunión con Dios. Cada día lee y medita en uno de los pasajes de las Escrituras que se enumeran a continuación. Sigue estos pasos.

1. Ve a un lugar tranquilo sin distracciones.
2. Pon una canción de alabanza y escucha la letra.
3. Pídele a Dios que te revele Su corazón y Su significado mientras lees las Escrituras.
4. Escribe tus reflexiones en la parte inferior o en tu diario.
5. Lee las Escrituras diariamente para que recibas la máxima revelación.

Proverbios 18:16 (RVA-2015)
Romanos 4:18 (RVA-2015)
Isaías 1:19 (NTV)

Deuteronomio 28 (RVA-2015)
2 Corintios 4:7 (NTV)
1 Juan 4:4 (NTV)

Momentos de Reflexión

1. ¿Tienes dones que permanecen dormidos? ¿Cuáles son los dones que puedes usar para traer una luz al mundo y prosperar?

2. ¿Qué te ha impedido ser tu auténtico yo? Tómate un momento para reconocer las cosas que te han robado en áreas de tu identidad.

3. ¿Cuál es la verdadera razón por la que te conformas con menos en la vida? ¿Cómo superas la mentalidad o la práctica de conformismo?

4. Medita en la oración al final del capítulo 10 durante siete días o más.

Capítulo 11
Dios Venció, Ahora Nosotros Vencemos

Tu amoroso Padre celestial te ama más de lo que puedas imaginar, y Él quiere que seas un vencedor. Él dio a Su Hijo para que tuvieras una vida gozosa y triunfante, sin importar lo que pudiera suceder en este mundo. La sangre de Jesús aseguró tu porción de la vida abundante y eterna de Dios. Tus problemas nunca durarán más que Dios porque Él ya los ha vencido.

> *Les he hablado de estas cosas para que en mí tengan paz. En el mundo tendrán aflicción, pero ¡tengan valor; yo he vencido al mundo!*
>
> — Juan 16:33 (RVA-2015)

Cuando Dios creó a Adán en el huerto, lo tomó del polvo de la tierra, sopló Su aliento en las fosas nasales y formó la primera persona viviente. Fue tomado del suelo de la tierra, y esto se convirtió en parte de él para las generaciones venideras. Esto revela la conexión que el hombre tiene con el mundo y todos sus placeres, estructuras, ideologías y comportamientos culturales.

Desde que nacemos y durante toda la edad adulta, estamos entregados a los dictados del mundo a través de las tradiciones, los sistemas y la cultura. Nuestra carne está conectada a todo ello de un modo u otro. Esto significa que nuestros apetitos, ambiciones y acciones están todos ligados a la forma natural del ser, no a nuestro ser espiritual. Operar desde nuestra identidad espiritual parece muy extraño para la mayoría de nosotros.

Por costumbre y presiones culturales, generalmente centramos nuestros esfuerzos en tratar de sobrevivir o prosperar dentro de un orden mundial para el cual fuimos creados, para superar y gobernar por la gracia que Dios nos dio. Una persona que está autorizada para implementar el orden y la supervisión sobre una esfera de influencia, nunca deberá permitir que otros tomen su posición o se pongan en su lugar y hablen en su nombre. Otra autoridad lógicamente traerá otro orden, socavando y negando completamente lo que ya ha sido establecido. Esto puede causar confusión y división, por lo que debemos tener mucho cuidado de no permitir que ninguna otra variable interfiera, disminuya o corrompa aquello a lo que estamos llamados a gobernar a través de nuestra identidad en Cristo.

Esto es lo que sucedió en el huerto cuando Adán y Eva permitieron que la serpiente tuviera una voz de autoridad. Cuando la serpiente le dio una verdad diferente al hombre y a la mujer, cuestionó la sinceridad y la validez de la palabra y la promesa de Dios a Adán y a Eva. Esto fue enorme. Como resultado, Adán y Eva comenzaron a dudar de las intenciones de su Creador. Ya no lo veían como su Padre; lo veían como un engañador, como a alguien que los estaba estafando y tratando de engañar. La persona que se suponía que era su protector, proveedor, confidente y mayor apoyo, ahora era percibida como su oponente.

El enemigo hace lo mismo hoy. La falsa verdad que su adversario pudo decirles alteró e invalidó toda su existencia. ¿Cómo?, te preguntarás. Porque solo fueron creados para los propósitos que el Señor les había hablado.

Debemos entender por qué el enemigo hace esto. Él siembra decepción en nuestros corazones para que no seamos quienes Dios nos creó que fuésemos. Si nos convertimos en quienes Dios nos creó para ser, entonces lograremos las cosas para las que Dios nos creó. Esto, en última instancia, destruye todas las obras del diablo y desaloja las tinieblas.

He aquí la advertencia: debemos guardar nuestro corazón y usar nuestra autoridad antes de que el enemigo los usurpe. Abrimos nuestra boca y cerramos cualquier cosa que traiga la influencia equivocada a la atmósfera. ¡Nuestra voz es poder! Cuando la usamos, expulsamos toda oposición y establecemos o mantenemos la paz.

Cada vez que otros puedan hablar en nuestras vidas, y causar que apartemos nuestros ojos de Dios y nos alejemos de la verdad que Él ha hablado, perderemos nuestro propósito e identidad. El engaño causa descarrilamiento. Punto. No podemos experimentar el cumplimiento de las promesas de Dios viviendo fuera de Su Palabra. Su Palabra es la que tiene el poder de nuestra existencia humana, y Su presencia es lo que necesitamos para vivir una vida de plenitud y paz.

Hijitos, ustedes son de Dios, y los han
vencido, porque el que está en ustedes es mayor
que el que está en el mundo.

— 1 Juan 4:4 (RVA-2015)

Una película popular llamada El Señor de los Anillos representa la lucha de la vida real entre el hombre y el deseo de poder y autogratificación. En la película, un joven aprende que un anillo tiene el poder de controlar a toda la humanidad y afectar al mundo entero mediante tentaciones malignas. Este poder es especialmente formidable sobre la persona que posee el anillo. A través de una serie de los eventos más condenables y tumultuosos y la fidelidad amorosa de amigos confiables, superó las tentaciones y las dificultades que lo asediaban. Finalmente destruyó el anillo y todo su poder arrojándolo al lago de fuego donde se había formado.

Estas tentaciones se manifiestan dentro de la carne y la imaginación de la humanidad. Están ligados a los deseos impulsivos que se forman fuera del amor verdadero. Estos deseos tienden a dar a los humanos una sensación de felicidad, libertad o, a veces, incluso satisfacción. Pero la gratificación se desvanece rápidamente, dejando a las personas con la necesidad de algo más. Así que aquí yace la verdad sin adulterar: El amor de Dios es y será siempre la única fuente de verdadera plenitud para las almas de los hombres y de las mujeres.

Cuando sometamos y venzamos estos impulsos carnales, podremos vivir una vida fructífera y próspera que sea agradable en todos los sentidos. Dios nos da vida, libertad, paz y provisión para que podamos vencer cualquier cosa que nos estorbe. Sin embargo, el don más poderoso que Él nos ha dado es Su Espíritu. Esto significa que todo lo que enfrentamos en esta vida deberá someterse a la grandeza de Dios que está dentro de nosotros. Los demonios huirán. Las montañas se moverán. Y la tierra se inclinará. ¡Este es el poder que Él ha dado gratuitamente a Sus hijos e hijas!

La Certeza en el Amor de Dios Vence

Tenemos que llegar a conocer y creer en el amor que Dios tiene por nosotros. Debemos creer esto en cada parte de nuestro ser para poder mantenernos firmes en los malos tiempos. Dios es amor. Si permanecemos en amor, permaneceremos en Él y seremos continuamente cubiertos por Él. Esta es nuestra confianza.

> *Y nosotros hemos llegado a saber y creer que Dios nos ama. Dios es amor. El que permanece en amor, en Dios permanece y Dios en él. Ese amor se manifiesta plenamente entre nosotros para que en el día del juicio comparezcamos con toda confianza, porque en este mundo somos como Jesús. En el amor no hay temor, sino que el amor perfecto echa fuera el temor. El que teme espera el castigo, así que no ha sido perfeccionado en el amor. Nosotros amamos porque él nos amó primero.*
>
> — 1 Juan 4:16-19 (NVI)

1 Juan 4:16 dice que debemos entender y depender plenamente del amor que Dios tiene por nosotros. Eso significa que debemos tener un conocimiento grande e íntimo del amor de Dios, y estar firmemente convencidos de que este amor nos pertenece a cada uno de nosotros y perfecciona cada área de nuestra vida. ¡Apodérate de esta revelación! Ha sido dada específicamente para ti.

Muchos de nosotros comenzamos a retorcernos y a luchar con esta verdad. En nuestra cultura occidental se nos enseña que debemos aprender y lograr más para ser más. Así que, inconscientemente, sentimos que deberíamos esforzarnos por saber más para poder ser más. Entonces, un día, después de haber cumplido con todos los requisitos, tendremos la capacidad de ser capaces de alcanzar y hacer más, perpetuando el ciclo sistémico de esfuerzo continuo. Esa creencia errónea es completamente contraria a la Palabra de Dios.

Pasamos la mayor parte de nuestras vidas intentando alcanzar un cierto número de títulos o un cierto nivel de experiencia, o llegar a un determinado estatus para poder ganar un lugar de aceptación, pero eso no es para lo que fuimos creados. Hemos sido creados para el amor y la fructificación. Hemos sido creados para llenar la tierra con la fragancia de nuestro Dios y para manifestar la belleza de conocerlo.

Cuando no conocemos el amor de Dios, nos esforzamos por conseguir el amor de los hombres. Los vacíos en nuestras almas siempre nos mantendrán anhelando amor, aceptación y afirmación, porque en el nivel fundamental estamos atormentados por el temor a no experimentar lo que anhelamos. Como resultado, corremos de persona en persona, de ciudad en ciudad o de organización en organización, buscando constantemente algo que nos dé un sentido de amor. Comenzamos a perseguir lo que el mundo y la carne nos han convencido de que satisfará nuestro anhelo de grandeza o satisfacción. El anhelo continúa en nuestro interior y nunca se satisface. ¿Por qué? Porque los adornos externos no pueden satisfacer las condiciones internas.

En lugar de seguir el camino del mundo, debemos sumergirnos en el mar del amor de Dios y profundizar. Dejemos a un lado todo lo demás y fijemos nuestra atención completamente en Él. Detenemos nuestra vida rutinaria y nuestros hábitos insatisfactorios porque hay mucha más vida en Dios. Él tiene puertas ilimitadas abiertas para nosotros y un favor más allá de la comprensión, porque anhela hacer que Su amor sea real en nuestras vidas. No dudes ni te mantengas aprensivo. Serás cambiado para siempre y estarás eternamente agradecido. Simplemente detén todo y haz espacio para Dios.

Entiende esto, Dios es espíritu. Cuando comenzamos a buscarlo a través de la lectura de la Biblia, la oración o la adoración, nos conecta con Su Espíritu. Así es como Él satisface el espíritu de un hombre, a través de la comunión y el compañerismo.

Todo lo que Dios expresa es una faceta diferente del amor con propósito. Él es sabiduría, paciencia, claridad, instrucción y un guía muy fiel que nos impide tropezar. Él es fuerza para los cansados, fe para los débiles, esperanza para los desesperados y gracia para los malvados. Él es amor en su forma más pura y poderosa.

Hemos sido llamados a expresar continuamente esas diferentes facetas y atributos de nuestro Padre celestial. Cuando sabemos quiénes somos como hijos e hijas, manifestamos la esencia de nuestro amado Creador. Nos movemos en Su gran poder, fuerza y autoridad, junto con el amor, la compasión y la generosidad.

Estar arraigados con confianza en este amor eterno e incondicional, es la llave que necesitamos para desbloquear el destino de las almas humanas y de las naciones. Esta llave es para llevarla siempre dentro de nuestros corazones, para obtener la victoria en cada temporada y situación para la salvación, sin importar a dónde vayamos, a qué nos enfrentemos o a quién seamos enviados. ¡Así es como vencemos!

Las Promesas de Dios para el Vencedor

Las siguientes Escrituras, nos dan una idea para que conozcamos con confianza la esperanza de nuestro llamamiento y las recompensas de permanecer fieles en medio de las pruebas y los tiempos difíciles. ¡Ten ánimo y valor! Recuerda, ¡Él ha vencido y tú también lo harás! El Más Grande y el Más Alto de Todos vive dentro de ti, y tú habitas dentro de Él. Nada en esta vida tendrá jamás el potencial, la capacidad o la habilidad de separarte de Aquel que ha derrotado al diablo y está sentado para siempre en victoria.

> *El que tiene oído, oiga lo que el Espíritu dice a las iglesias. Al que venza le daré de comer del árbol de la vida que está en medio del paraíso de Dios.*
>
> — Apocalipsis 2:7 (RVA-2015)

> *El que tiene oído, oiga lo que el Espíritu dice a las iglesias. El que venza, jamás recibirá daño de la muerte segunda.*
>
> — Apocalipsis 2:11 (RVA-2015)

> *...Al que venza le daré de comer del maná escondido, y le daré una piedrecita blanca y en la piedrecita un nombre nuevo escrito, que nadie conoce sino el que lo recibe.*

— Apocalipsis 2:17 (RVA-2015)

Al que venza y guarde mis obras hasta el fin, yo le daré autoridad sobre las naciones, él las guiará con cetro de hierro; como vaso de alfarero son quebradas, así como yo también he recibido de mi Padre. Además, yo le daré la estrella de la mañana.

— Apocalipsis 2:26-28 (RVA-2015)

Todos los que salgan vencedores serán vestidos de blanco. Nunca borraré sus nombres del libro de la vida, sino que anunciaré delante de mi Padre y de sus ángeles que ellos me pertenecen.

— Apocalipsis 3:5 (NTV)

Al que venza, yo le haré columna en el templo de mi Dios, y nunca jamás saldrá fuera. Y escribiré sobre él el nombre de mi Dios, y el nombre de la ciudad de mi Dios la nueva Jerusalén que desciende del cielo, enviada por mi Dios— y mi nombre nuevo.

— Apocalipsis 3:12 (RVA-2015)

Al que venza, yo le daré que se siente conmigo en mi trono; así como yo también he vencido y me he sentado con mi Padre en su trono.

— Apocalipsis 3:21 (RVA-2015)

Pero yo salvaré a todos mis seguidores que confíen en mí hasta el final.

— Mateo 24:13 (TLA)

Palabra Profética para el Vencedor

El Señor dice: esta doble porción que estás recibiendo ahora no es solo para ti, sino que es enviada a toda la tierra. La porción más grande es para las obras mayores que te estoy enviando a hacer en esta hora. A medida que libero todo lo que Soy en ti, comienza a moverte por toda la tierra, de esquina a esquina, de costa a costa, de mar a mar resplandeciente, porque estoy haciendo algo nuevo, y lo estoy haciendo a través de Mi cuerpo. A medida que libero el pan de vida una vez más, recibe cada pedacito de él, recibe una medida completa, recibe una porción completa; ¡Voy a cambiar la tierra a través de la porción que te estoy dando en esta hora!

Palabra Profética dada por Robyn Vincent
Gloria de Sion Internacional
Noviembre 2022

Sobre la Autora

Robyn Vincent es una ministra ordenada y profeta en Glory of Zion Internacional y Esferas Globales Inc., Ella habla muy apasionadamente desde el corazón de Dios. Ella y su esposo, James Vincent, viajan y ministran por todo el mundo, llevando el poder transformador y conocimiento a individuos, comunidades y regiones. Su valentía contagiosa y su pasión despiertan los corazones en toda la tierra.

Durante más de dos décadas, Robyn ha servido, capacitado y enseñado diligente y fielmente para equipar a personas de todo el mundo. Es una oradora, maestra, autora y mentora inspiradora, así como consultora de relaciones y una coach de vida certificada. Robyn es ampliamente reconocida por combinar su fuerte don profético con un diálogo transparente para empoderar vidas con inmensa libertad y transformación. Transmite con fervor mensajes de redención, restauración y recuperación, para que se establezca un cambio y una reforma duraderos para todos.

Le gusta escuchar diferentes estilos de música y leer historias y biografías de la vida real. También le gusta ver y asistir a eventos deportivos. Sobre todo, le encanta pasar tiempo de calidad con su familia y amigos íntimos.

Robyn y James residen en Texas. Tienen cinco hijos y un nieto. Sirven fielmente en el Centro de Esferas Globales bajo el liderazgo del Dr. Chuck Pierce.

Referencias

Strong, James. La Exhaustiva Concordancia de la Biblia de New Strong. Nashville: Thomas Nelson, 1996

Warren, Rick. La vida con propósito: ¿Para qué estoy aquí en la Tierra? Grand Rapids: Zondervan, 2002.

Williamson, Marianne. Volver al amor: Basado en los principios de Un curso de milagros. Urano; Translation edition, 2011.

Made in the USA
Coppell, TX
21 January 2026